Hör auf deine Träume

W0087221

Michael Schredl

Hör auf deine Träume

MIDENA

Der Autor:
Diplom-Psychologe Michael Schredl arbeitet auf dem Gebiet der
Schlaf- und Traumforschung am Zentralinstitut für seelische
Gesundheit in Mannheim und hat bereits zahlreiche Artikel
zum Thema »Traum« und »Träumen« veröffentlicht.

Die Deutsche Bibliothek – CIP-Einheitsaufnahme

Schredl, Michael:
Hör auf deine Träume / Michael Schredl. – Küttigen/Aarau :
Midena-Verl., 1996
  ISBN 3-310-00211-X

Es ist nicht gestattet, Abbildungen dieses Buches zu scannen,
in PCs oder auf CDs zu speichern oder in PCs/Computern
zu verändern oder einzeln oder zusammen mit anderen
Bildvorlagen zu manipulieren, es sei denn mit schriftlicher
Genehmigung des Verlages.

Midena Verlag, CH-5024 Küttigen/Aarau
© 1996 Weltbild Verlag GmbH, Augsburg
Alle Rechte vorbehalten

Redaktion: Franz Leipold
Zeichnungen: Andreas Schaad, Fürth
Layout: Steinkaemper/Lohmann, Igling
Umschlaggestaltung: Steinkaemper/Lohmann, Igling
Umschlagfotos: Tony Stone, Carol Ford (Titelbild und Rückseite)
   Tony Stone, Peter Correz (seitliche Abbildung)
Satz: satz-studio gmbh, Bäumenheim
Druck und Bindung: Passavia Passau
Printed in Germany

ISBN 3-310-00211-X

Inhalt

Praktischer Teil

Anhang

Einleitung

Seit jeher üben Träume auf den Menschen eine geheimnisvolle Faszination und einen großen Einfluß aus. Bereits in der Bibel werden Träume genutzt, um bevorstehende Krisen zu bewältigen. So deutete Joseph den Traum Pharaos von sieben fetten und sieben mageren Kühen als Hinweis auf eine Zeit der Mißernte, und es konnten rechtzeitig Vorkehrungen getroffen werden. Auch andere Kulturen maßen und messen den Träumen viel Bedeutung zu, wie man z.B. an den Heilträumen der Griechen oder den Visionsträumen der Schamanen ersehen kann.

Zu Beginn dieses Jahrhunderts hat Sigmund Freud, der Begründer der Psychoanalyse, dem Umgang mit Träumen neue Impulse verliehen. Sein Buch »Die Traumdeutung« zeigt auf, daß Träume im Sinne einer Therapie und persönlichen Weiterentwicklung eine wertvolle Hilfe sind. Auch von Therapeuten und Therapeutinnen anderer Schulen wurde und wird die Arbeit mit Träumen aufgegriffen, z.B. innerhalb der Gestalt-Therapie, des Psychodramas oder der Kognitiven Therapie, da Träume den therapeutischen Prozeß bereichern.

Die Erfahrungen der jüngeren Zeit zeigen auch, daß es nicht unbedingt notwendig ist, einen speziellen Traumdeuter oder einen ausgebildeten Psychoanalytiker heranzuziehen, um die eigenen Träume besser zu verstehen. Es ist eine Fähigkeit, die weniger auf komplexen Theorien oder ausgeklügelten Deutungssystemen fußt, sondern mehr auf Intuition und Offenheit gegenüber dem Traumgeschehen basiert und somit für jeden interessierten Menschen erlernbar und praktisch nutzbar ist.

Im folgenden wird eine Methode zur Traumarbeit vorgestellt, die einen selbständigen Umgang mit Träumen ermöglicht. Dabei ist das Buch kein Ratgeber in dem Sinne, daß es für bestimmte Dinge oder Symbole, die im Traum auftreten, fertige Deutungen liefert. Im Gegenteil: Um einem Traum offen und unvoreingenommen gegenübertreten zu können, ist es wichtig, diese Symboldeutungen und die Frage »Warum habe ich das geträumt?« zunächst zurückzustellen. Die ersten Schritte bestehen aus gezielten Fragen an die Traumelemente und aus dem Sammeln von Informationen zum Traum, um das Traumgeschehen und das momentane Wacherleben miteinander zu vergleichen. Hat man hier eine schlüssige Verbindung gefunden, fällt es nicht schwer, auch Symbole oder die Frage nach dem »Warum« besser zu verstehen.

Obwohl es letztendlich nur eine Person gibt, die Ihre Träume verstehen kann – Sie selbst –, ist es hilfreich, zumindest ab und zu mit anderen Personen oder in einer Traumgruppe zu arbeiten. So können Sie Anregungen aufnehmen und Ideen überprüfen, die den eigenen Horizont erweitern. Auch hier werden Hilfestellungen gegeben, welche die Traumarbeit mit anderen Menschen konstruktiv und angenehm gestalten.

Das Hauptanliegen des Buches ist es, Sie neugierig auf Ihre Träume zu machen. Wenn Sie sich regelmäßig mit Ihren Träumen auseinandersetzen, werden Sie ein tieferes Verständnis der Traumwelt und somit auch der Wachwelt erlangen. Das Buch hätte seinen Sinn erfüllt, wenn es gelingt, die schönen Träume zu genießen oder als Anregungen für kreative Tätigkeiten zu nutzen und aus den unangenehmen Träumen zu lernen und sie positiv zu verändern.

Bevor Sie mit der Lektüre dieses Buches beginnen, hier ein kurzer Wegweiser durch die einzelnen Kapitel:

Der erste Teil, »Grundlagen«, besteht aus drei Kapiteln. Hier werden die Grundlagen erläutert, auf denen die ausgeführte Arbeitsweise beruht. Der zweite Abschnitt zeigt Erkenntnisse der modernen Traumforschung, um das Phänomen Traum besser verstehen zu können. Anschließend werden bereits entwickelte Methoden zur Traumarbeit auszugsweise dargestellt, vor allem solche, die sich in der ein oder anderen Form für das selbständige Arbeiten eignen. Im letzten Abschnitt des Grundlagenteils geht es um die Traumarbeit mit anderen und um die grundlegende Sichtweise von Träumen.

Leser/Leserinnen mit viel Erfahrung oder mit einem starken praktischen Interesse können auch sofort in den zweiten Teil des Buches einsteigen. Der praktische Teil beginnt mit einem Kapitel zur Traumerinnerung, der Grundvoraussetzung für die Traumarbeit. Mit einfachen Mitteln läßt sich die Erinnerungsfähigkeit steigern und für eine kontinuierliche Arbeit nützen, indem man z.B. ein Traumtagebuch führt. Im Anschluß daran werden sechs Schritte erläutert, die Ihnen eine selbständige Herangehensweise an Ihre Träume ermöglichen. Anhand von Beispielen wird verdeutlicht, wie eine solche Traumarbeit konkret aussehen kann. Da es anregend ist, mit anderen – zu zweit oder in einer kleinen Gruppe – über Träume zu sprechen, wird in zwei Kapiteln gezeigt, wie man dies am besten anfängt.

Alpträume oder Wiederholungsträume sind besonders belastend. Sie signalisieren sehr deutlich, daß es sich lohnt, auf seine Träume näher einzugehen; deshalb werden diese Traumarten eingehender besprochen, und der Leser erhält Tips zum Umgang damit. Ein Extrakapitel ist der Traumarbeit mit Kindern gewidmet; man kann sehr schnell lernen, z.B. bei Angstträumen effektive Hilfe zu leisten.

Die abschließenden Kapitel vertiefen noch einmal wichtige Aspekte des Träumens. Zum einen werden bestimmte formale und allgemeine Gesichtspunkte eingehender betrachtet, zum anderen werden häufige Themen, wie Wahrträume, Flugträume, luzide Träume, Auto im Traum, vorgestellt. Hierbei ist zu beachten, daß es sich um Anregungen handelt und nicht um Deutungen. Sie selbst können durch aufmerksames Prüfen beurteilen, ob Ihre Träume in eine ähnliche Richtung weisen oder ganz anders zu deuten sind.

Das Buch schließt mit einem kommentierten Literaturverzeichnis. Hier findet der/die interessierte Leser/Leserin weitere Anregungen und Hinweise auf Bücher, mit denen man die vorgestellte Methode vertiefen kann; daneben werden aber auch Buchtips zu Traumforschung und anderen speziellen Traumthemen gegeben. Viel Spaß mit Ihren Träumen!

Mannheim, im Frühjahr 1996
Michael Schredl

Grundlagen

Träume – Stoff für die Wissenschaft

Von Freud bis heute

Grundprinzipien für die Arbeit
mit Träumen

Träume – Stoff für die Wissenschaft

Früher bezeichnete man den Schlaf als den kleinen Bruder des Todes, da man glaubte, daß im Schlaf das Bewußtsein sozusagen tot ist und nicht viel passiert. Das änderte sich, als es in den 30er Jahren dieses Jahrhunderts gelang, mittels Elektroden die Gehirnströme zu messen; das EEG (Elektroenzephalogramm) war erfunden. Der entscheidende Durchbruch gelang jedoch erst 1953, als Eugene Aserinksy und Nathaniel Kleitman bei der Beobachtung von schlafenden Säuglingen schnelle Augenbewegungen (unter den geschlossenen Augenlidern) feststellten. Bei genauerer Untersuchung erkannte man, daß es sich dabei um ein charakteristisches Schlafstadium handelt, in dem das Gehirn sehr aktiv ist. Es erhielt den Namen **REM-Schlaf** (REM = Rapid Eye Movements). Man stellte weiter fest, daß eine schlafende Person, die man in diesem Stadium gezielt aufweckte, sehr häufig (in 80 bis 90 Prozent der Fälle) von einem bildhaften Traum berichtete. Das führte dazu, das Bild vom Schlaf als Bruder des Todes von Grund auf zu revidieren.

Nach heutigem Stand der Forschung ergibt sich für den jungen Erwachsenen folgendes typisches Schlafprofil. Auf das Einschlafen folgen der normale Schlaf und der Tiefschlaf. Nach etwa 70 bis 90 Minuten kommt die erste kurze Traumphase (5 bis 10 Minuten Dauer), dann wieder normaler Schlaf und Tiefschlaf, die zweite Traumphase (etwas länger) usw. Dieser Zyklus wiederholt sich vier- bis sechsmal pro Nacht; dabei nimmt der Tiefschlafanteil ab, und die Traumphasen werden länger. Der Traumschlaf macht insgesamt etwa 20 Prozent des Gesamtschlafes aus und weist gegenüber den anderen Schlafstadien (Einschlafen, normaler Schlaf, Tiefschlaf) eigene Merkmale auf. Die schnellen Augenbewegungen sind vergleichbar mit denen im Wachleben. Das führte natürlich zu der Vermutung, daß die Traumbilder und die Augenbewegungen zusammenhängen, was in Einzelfällen auch bestätigt werden konnte. So berichtet ein Schläfer, der nach einer Phase mit vertikalen Augenbewegungen geweckt wurde, daß er im Traum einen Berg erklommen und dabei nach oben und unten geschaut habe. Ein anderer Schläfer erzählte nach horizontalen Augenbewegungen von einem Tennisspiel, das er im Traum verfolgt habe. Trotz dieser anschaulichen Beispiele ist es meistens sehr schwierig, einem komplexen Trauminhalt Augenbewegungen zuzuordnen.

Ein weiteres Merkmal des REM-Schlafes ist die stärkere Variation von Herzschlag und Atmung. Hier besteht ebenfalls ein Bezug zum Inhalt des Traumes, vor allem zu den Traumgefühlen. Besonders deutlich wird dies bei Alpträumen: das Angstgefühl im Traum ist von einer physiologischen Angstreaktion des Körpers begleitet. Für die Atmung gibt es ein interessantes Beispiel, in dem eine Person nach einem kurzen Atemstillstand (10 Sekunden) geweckt wurde. Sie berichtete einen Traum, in dem sie gewürgt worden sei.

Während des REM-Schlafes ist die willkürliche Muskulatur vom Gehirnzentrum, das diesen Schlaf steuert, aktiv gehemmt. Dadurch wird verhindert, daß der/die Schlafende den Traum mitagiert. Schlafwandeln, das manchmal als Ausleben eines Traumes gesehen wird, hat jedoch mit dem Träumen nichts zu tun, sondern geschieht aus dem normalen Schlaf oder aus dem Tiefschlaf heraus. Im REM-Schlaf wären derartige Bewegungen aufgrund der gehemmten Muskulatur nicht möglich.

Eine weitere Besonderheit des REM-Schlafes sind die auftretenden Erektionen. 95 Prozent der REM-Phasen sind bei jungen Männern von teilweisen oder vollständigen Erektionen begleitet. Es kann auch zum Samenerguß während des Traumschlafes kommen, sogenannte feuchte Träume, die vor allem bei jungen Männern beobachtet werden. Bei Frauen wurde während des REM-Schlafes eine verstärkte Durchblutung im Genitalbereich festgestellt, die eventuell auf eine physiologische Erregung schließen läßt. Zwischen Erektionen und Trauminhalt zeigte sich auch ein Zusammenhang: Bei Angstträumen nahm die Stärke der Erektion ab, bei erotischen Träumen eher zu. Interessanterweise wird die Messung nächtlicher Erektionen in der Diagnostik von Impotenz herangezogen. Bleiben die Erektionen nachts aus, dann ist eine organische Störung zu vermuten; im anderen Fall sind eher psychologische Ursachen im Spiel.

Die letzte Besonderheit des REM-Schlafes ist, daß der Mechanismus, der die Körpertemperatur konstant hält, nicht aktiv ist. Das führt z.B. zu der Warnung an Bergsteiger, in Notsituationen nicht einzuschlafen, da sich sonst die Gefahr des Erfrierens erhöht.

Dieser kurze Ausflug in die Traumforschung macht deutlich, daß der Traumschlaf ein sehr spannendes und sehr komplexes Phänomen ist. Die vielen Untersuchungen zeigen, daß jeder Mensch jede Nacht träumt, auch wenn er sich morgens nicht mehr daran erinnern kann. Säugetiere weisen ebenfalls REM-Schlaf auf; ob sie jedoch träumen, läßt sich nur vermuten. Diese Tatsachen führten zu der Frage, welche Funktion Traumschlaf und Träume beim Menschen haben. Es gibt dazu viele Theorien und Vermutungen, doch die meisten Ergebnisse weisen darauf hin, daß hier eine Konsolidierung des Gedächtnisses erfolgt. Das heißt, Informationen, die während des Tages aufgenommen wurden, werden im Traumschlaf ins Langzeitgedächtnis übertragen. Dabei sollte man sich das menschliche Gedächtnis nicht als Speichermedium in der Art eines Computers vorstellen, bei dem die Information 1 : 1 abgelegt wird, sondern als einen dynamischen Speicher. Alte Informationen werden hervorgeholt, mit der neuen Information verknüpft und wieder abgespeichert. Hier läßt sich gut eine Brücke zur Traumarbeit schlagen. Der Traum bietet die Möglichkeit, vergangene Ereignisse, die im Zusammenhang mit dem aktuellen Wachleben stehen, näher zu beleuchten. Vergleicht man das mit dem Problemlösen im Wachleben, so werden auch hier Informationen aus bereits bekannten Situationen herangezogen, um eine Lösung für die neue Situation zu finden.

Eine weitere Hypothese beruht vor allem auf der Tatsache, daß Neugeborene etwa 50 Prozent ihrer Gesamtschlafzeit im REM-Schlaf verbringen, Frühgeborene sogar noch mehr. Deshalb könnte dem REM-Schlaf eine Bedeutung bei der Vernetzung der Nervenbahnen im Gehirn zukommen.

Wodurch kann der Inhalt eines Traumes beeinflußt werden?

Welche einzelnen Faktoren auf den Traum wirken, veranschaulicht die folgende Abbildung.

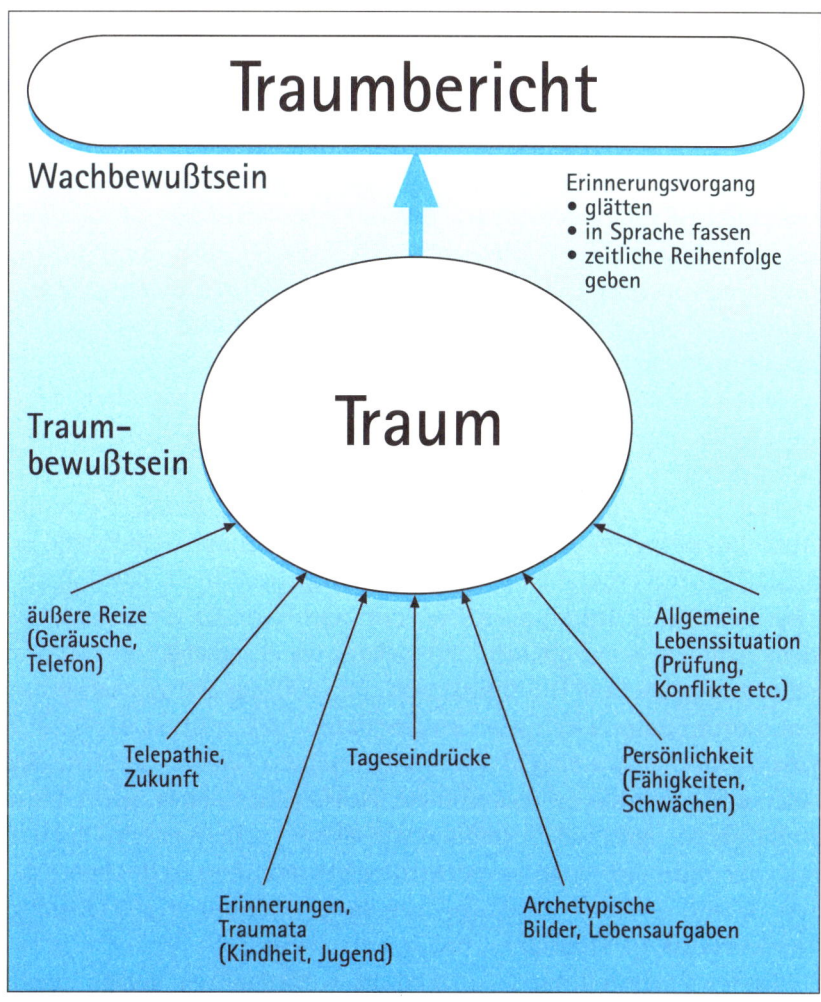

Viele verschiedene Quellen haben Einfluß auf den Inhalt eines Traumes.

Sie ist als Hilfestellung für die praktische Traumarbeit gedacht, weil dadurch bestimmte Trauminhalte besser verstanden werden können. Aus dem Bild wird ersichtlich, daß der Traum nie direkt zugänglich ist. Der Traumbericht, ob er erzählt oder aufgeschrieben wird, ist immer nur eine Rückerinnerung an das Traumgeschehen, das im Schlaf stattfindet. Bei diesem Erinnerungsvorgang können Verzerrungen, Weglassungen, Hinzufügungen usw. auftreten. So gibt es Dinge im Traum, die sich kaum mit den Mitteln der Wachsprache ausdrücken lassen, z.B. Farben, die so eindrücklich, aber auch unbeschreiblich sind, oder Personen, die aus mehreren bekannten Wachpersonen zusammengesetzt sind, Gefühlsstimmungen usw.

Auch die Umformung der Bilder in Sprache erfordert, daß z.B. Dinge, die gleichzeitig passieren, nacheinander geschildert werden müssen. Der Gesamteindruck aus Bildern, eigenen Handlungen und Gefühlen ist sprachlich oft nur ansatzweise darstellbar. Trotz dieser Schwierigkeiten beim Übergang Schlaf/Wach und Bild/Sprache bleibt viel faszinierendes Material im Gedächtnis. Manche versuchen das Problem dadurch zu umgehen, daß sie einzelne, besonders interessante Bilder des Traumes zeichnen oder malen.

Wie es leichter gelingt, das Traumgeschehen festzuhalten, wird im Kapitel »Methoden der Traumerinnerung«, Seite 42 ff., genauer beschrieben.

Nun zu den einzelnen Einflußfaktoren auf den Traum, die in der Abbildung dargestellt sind. Zunächst sind dies **äußere Reize**, die im Schlaf auf die Person einwirken. Früher glaubte man, daß ein solcher Reiz einen Traum auslösen kann, der dann in Windeseile vor dem inneren Auge abläuft. Ein bekanntes Beispiel ist der Traum eines französischen Traumforschers, der von der französischen Revolution träumte. Der Traum endete damit, daß er unter der Guillotine lag und aufwachte, als das Fallbeil seinen Nacken berührte. Im Aufwachen merkte er, daß sich ein Holzteil des Bettes gelöst hatte und ihm auf den Nacken gefallen war. Daraus schloß er voreilig, daß sich der Traum erst während des Aufwachens aufgrund des besonderen Reizes gebildet habe und die lange Handlung mit Revolutionären usw. in Sekundenschnelle entstanden sei.

Dieser Fragestellung ging man in Schlaflaboren gezielt nach. Während sich die Person im Traumschlaf befand, wurden ihr Geräusche, Wörter (z.B. der eigene Name), Gerüche oder taktile Reize (z.B. Wassertropfen) präsentiert, und zwar in der Art, daß die Person die Reize zwar wahrnehmen konnte, aber davon nicht aufwachte. Erst kurze Zeit später wurde die Person geweckt und nach dem Traumgeschehen gefragt. Ab und zu war der Reiz in den Traum übernommen worden, z.B. führten Wassertropfen im Traum zu Regen. In den meisten Fällen spielte der Reiz jedoch kein Rolle. Vielleicht sind Ihnen einzelne Träume bekannt, in denen Telefonklingeln, Laute eines Haustiers oder ähnliche Dinge in den Traum eingebaut werden. Daß das Gehirn im Schlaf nicht völlig nach außen hin verschlossen ist, zeigt auch das Beispiel der Mutter, die auf kleinste Geräusche ihres Kindes sensibel reagiert, während andere Geräusche von außen sie kaum im Schlaf stören. Es ist also eine Instanz wach, welche die ankommenden Informationen bewertet und weiterverarbeitet.

Man versuchte auch, die Länge des Traumschlafes vor dem Aufwecken mit der Traumberichtslänge in Beziehung zu setzen, um das Argument der Traumentstehung im Augenblick des Aufwachens zu entkräften. Es zeigte sich in erwarteter Weise, daß längere ungestörte Traumphasen im Schnitt zu längeren Träumen führten. Das heißt, für viele Träume gilt, daß die Traumzeit ähnlich der Wachzeit ist; dabei sollte man jedoch beachten, daß durch Sprünge oder Szenenwechsel im Traum auch in sehr kurzer Zeit sehr viel passieren kann.

Innere Reize scheinen ebenfalls nur einen sehr geringen Einfluß auf den Traum zu haben. So wurde früher angenommen, daß Blasendruck zu Träumen von Toiletten führt. Es scheint jedoch, daß dies meist entkoppelt ist. Das heißt, es sind Träume vom Klo ohne Blasendruck möglich, und das sogenannte Bettnässen tritt äußerst selten im Traumschlaf auf, sondern im normalen Schlaf. Allerdings sind hier Fälle bekannt, in denen Träume aus nachfolgenden Traumphasen berichtet wurden, die den Naßreiz aufgegriffen haben. Ein anderes Phänomen ist, daß Blasendruck zum Aufwachen in der Nacht führen kann; das erhöht die Wahrscheinlichkeit enorm, sich überhaupt an einen Traum zu erinnnern. Auch längere Atemstillstände und Sauerstoffmangel, wie sie bei Schlaf-Apnoe-Patienten auftreten, wirken sich kaum auf den Trauminhalt aus. Patienten mit Schlaf-Apnoe (meist Männer) leiden unter häufigen nächtlichen Atemstillständen, die bis zu zwei Minuten andauern können, selbst wenn die Atmung während des Wachzustandes ganz normal ist. Diese Atemstillstände führen dazu, daß der Sauerstoffgehalt im Blut drastisch absinkt.

Die **Tageseinflüsse** (Ereignisse des Vortages, aus der letzten Zeit) haben sicher den stärksten, direkt erfaßbaren Einfluß auf den Trauminhalt. Im Sinne der Traumarbeit ist bemerkenswert, daß nicht alles Eingang in den Traum findet, sondern meist nur ein kleiner Teil des aktuellen Tagesgeschehens. Die Frage nach dem, was aufgegriffen wird und was nicht, ist sehr interessant, selbst wenn man geneigt ist, einen Traum als »verstanden« abzutun, z.B. ich habe von meiner Mutter geträumt, weil ich gestern mit ihr telefoniert habe. Meistens enthalten Träume darüber hinaus noch viele andere aufschlußreiche Aspekte.

Ein weiterer Einflußfaktor ist die derzeitige **Lebenssituation**, das heißt eine Art Grundstimmung oder Grundgefühl. Für einen Studenten/eine Studentin in Prüfungszeiten wird der Traum auch häufig in diese Richtung, z.B. als Prüfungstraum, gelenkt.

Wie die **Persönlichkeit** den Trauminhalt beeinflußt, wird am deutlichsten, wenn man Träume von verschiedenen Menschen miteinander vergleicht. Im Falle der Flugträume zum Beispiel gibt es unendlich viele Varianten, wie geflogen wird, vom Schwimmen in der Luft über Sitzen auf einem Brett bis hin zur reinen Konzentration ganz ohne Bewegung. Die Forschung geht davon aus, daß sich Traum- und Wachgeschehen ähneln. Häufig ist es so, daß der Träumer/die Träumerin sich so verhält wie im Wachleben. Jemand, der sich im Wachleben viele Gedanken macht und sich viel mit abstrakten Dingen beschäftigt, wird dies in ähnlicher Weise im Traum tun. Oder eine Person, die sehr emotional reagiert, wird auch im Traum das ganze Spektrum der Gefühlsintensitäten erleben. Es gibt auch das Gegenteil, Träume, in denen z.B. ein junger, schüchterner Mann auf Abenteuerjagd geht und viele Gefahren zu bestehen hat. Dabei ist jedoch auch der Zusammenhang zur Wachphantasie zu berücksichtigen. Es wäre zu erfragen, wovon der junge Mann tagsüber gerne träumt, ob er diesbezüglich Phantasien hat, die dann im Traum aufgegriffen werden.

Ein weiterer Bereich, der die Traumarbeit so wertvoll macht, ist der Bereich der **Erinnerungen** und **traumatischen Erlebnisse**. Ein Beispiel: Bei älteren Menschen gibt es ab und an Träume, die bis in die Jugendzeit oder Kindheit zurückreichen und sehr angenehmer

Natur sind. So bilden solche Träume eine schöne Erweiterung des Wachgedächtnisses, sie erinnern den Träumer/die Träumerin an das Schöne im Leben. Auf der anderen Seite stehen jedoch schlimme Erlebnisse (sog. Traumata). Auch 50 Jahre nach dem Ende des Zweiten Weltkrieges gibt es eine große Anzahl von Überlebenden des Naziterrors, die in ihren Träumen den unfaßbaren Schrecken wiedererleben. Auch bei Soldaten, die in extreme Kampfsituationen geraten sind, kommen noch viele Jahre später Alpträume vor.

Bei der Aufdeckung von sexuellem Mißbrauch in der Therapie sind Träume sehr hilfreich. In ihnen wird das Erlebnis an die Oberfläche geholt und die damit verbundenen Gefühle, die häufig sehr lange verborgen, »vergessen« waren, werden noch einmal durchlebt. Das Wachgedächtnis hat sie wegen dem Schmerz der Wiedererinnerung und der Hilflosigkeit nicht ins Bewußtsein gelassen. Doch das Traumgeschehen macht deutlich, was tief innen passiert. Das Auf- und Durcharbeiten dieser Erlebnisse ist notwendig; meist ist es die beste und einzige Möglichkeit, die Folgen des Mißbrauchs abzumildern und auszuheilen. Auch im Falle von Kindern gilt, daß Traumata (z.B. Entführung, Gefangenschaft, Unglücksfälle etc.) zu Alpträumen führen. Ob hier das »Vergessen« der Ereignisse oder das »Nicht-darüber-Reden« den besten Weg zur Verarbeitung darstellt, ist sehr zweifelhaft. Die Träume zeigen, daß es nicht vergessen werden kann, daß es nach aktiver Auseinandersetzung verlangt.

Eine weitere Einflußgröße auf den Traum (s. Abbildung Seite 17), die sogenannten **archetypischen Bilder**, geht auf C. G. Jung zurück. In Träumen kommen Symbole vor, die für viele Menschen eine gleiche oder sehr ähnliche Bedeutung haben, z.B. Wandlung, Geburt, weiser Mann, Lehrer etc. Doch gibt es kaum Unterschiede von der Wachsprache. Das Wort Baum wird bei jedem Menschen ein bestimmtes Bild auslösen, das Ähnlichkeiten aufweist. Ob es jedoch eine kräftige, freistehende Eiche, eine Pappel oder eine kleine Latschenkiefer ist, hängt vom persönlichen Hintergrund (Erfahrungen, Erlebnisse etc.) ab.

Die **Lebensaufgaben** (Begriff von Alfred Adler) sind Ziele, die dem Menschen innewohnen, nach denen er bewußt oder unbewußt strebt. Bei diesen Träumen handelt es sich häufig um Träume, die einen ganz tiefen Eindruck hinterlassen. Es entsteht das Gefühl, daß sie etwas, das ganz tief innen liegt, berührt haben.

Der letzte Punkt, **Telepathie** und **Wahrträume**, führt weg von den nüchternen Naturwissenschaften, obwohl z.B. eine Forschergruppe in New York Ende der 60er Jahre versuchte, den Telepathieeffekt im Traumschlaf nachzuweisen. Mit einer ganzen Serie von Experimenten im Schlaflabor konnten sie zeigen, daß solche Effekte zumindest bei einzelnen Personen auftreten können. Die Methode sah vor, daß ein Sender ein Bild betrachtete und es dem Schläfer, der sich gerade in einer REM-Phase befand, übermittelte. Nach dem Senden wurde der Schläfer geweckt und zum Traum befragt. Die Traumberichte konnten dem entsprechenden Bild besser zugeordnet werden, als es eine zufällige Verteilung ergeben hätte. Das gesendete Bild tauchte jedoch nur ganz selten direkt im Traum auf, vielmehr waren es thematische Zusammenhänge, Formen oder Farben, die Ähnlichkeiten aufwiesen.

Als Wahrträume bezeichnet man Träume, deren Inhalt auf zukünftige Ereignisse schließen läßt. Auch hier existieren Forschungsergebnisse, z.B. von Hans Bender (früherer Professor für Parapsychologie an der Universität Freiburg), der solche Phänomene über lange Jahre untersucht hat. Ob solche Phänomene wie Wahrträume oder Telepathie existieren und wie sie erklärt werden können, ist jedoch noch immer eine offene Frage. Sie gehören zu den vielen Dingen zwischen Himmel und Erde, die der Mensch (noch) nicht versteht. Da Wahrträume und telepathische Träume in der Praxis allerdings recht häufig auftreten, wird dieses Thema im Kapitel »Typische Träume«, Seite 133 ff., noch einmal aufgegriffen.

Die Faktoren, die auf den Inhalt eines Traumes Einfluß ausüben sind äußerst vielgestaltig. Sie machen deutlich, daß der Traum viele Informationen über die eigene Persönlichkeit und den Umgang mit der eigenen Umwelt enthält. Auch soll diese Darstellung einiger Ergebnisse aus den Schlaflabors zeigen, daß die Wissenschaft des Traumes und die Arbeit mit Träumen sich keineswegs ausschließen, sondern ergänzen.

Zusammenfassung

- REM-Schlaf (20 Prozent des Gesamtschlafes)
  - schnelle Augenbewegungen, aktives Gehirn (Träume), variable Herz- und Atemtätigkeit, Hemmung der Skelettmuskulatur, Erektionen (bei Männern), keine Temperaturregelung
  - Funktion als Gedächtniskonsolidierung

- Es gibt Zusammenhänge zwischen Trauminhalt und physiologischen Parametern während des Schlafes.

- Die Traumzeit ist vergleichbar mit der Wachzeit.

- Zahlreiche Faktoren üben einen mehr oder weniger starken Einfluß auf das Traumgeschehen aus.

Von Freud bis heute

In diesem Kapitel geht es nicht um einen vollständigen Überblick über bereits vorhandene Methoden der Traumbearbeitung. Hier werden vielmehr einige wichtige Stationen herausgegriffen, die für die praktische Arbeit an den eigenen Träumen von Nutzen sind.

Sigmund Freud war der erste, der dem Traum eine wichtige Bedeutung im psychischen Innenleben des Menschen zuerkannt hat. Sein 1900 erschienenes, über 500 Seiten starkes Buch »Die Traumdeutung« war nicht nur die Darstellung einer neuen Traumbearbeitungsmethode, sondern auch ein wichtiger Grundstein für die von ihm entwickelte Psychoanalyse. Er nannte die Arbeit mit Träumen den »Königsweg zum Unbewußten«.

Aufgrund seiner Theorie unterschied er zwischen manifestem und latentem Trauminhalt. Der **manifeste** Trauminhalt ist der von Träumenden erinnerte Traum, der **latente** Trauminhalt besteht dagegen aus verbotenen, unbewußten Trieben, die nicht ans Tageslicht kommen dürfen. Freud stellte es sich so vor, daß durch Verschleierung (z.B. Verwendung von Symbolen, Veränderung von Personen) der latente in den manifesten Trauminhalt umgeformt wird, so daß die Person selbst nicht auf die unbewußten Inhalte schließen kann. Diese Aufgabe sollte von einem/einer geschulten Psychoanalytiker/Psychoanalytikerin übernommen werden und dem/der Träumenden als Deutung mitgeteilt werden. Bei der Arbeit mit Träumen geht es darum, die hinter dem manifesten Trauminhalt verborgene Bedeutung des Traumes zu entschlüsseln. Dabei ergaben sich häufig Widerstände gegen die Deutung, die für Freud in der Natur der Dinge lagen und nicht als Nachteil dieser Methode gesehen wurden.

In der Literatur hat sich bis heute die etwas einseitige Neigung von Freud gehalten, daß viele Dinge und Handlungen sexueller Natur seien. Alle länglichen Symbole sind Zeichen des Phallus, offene, runde Formen Ausdruck des weiblichen Genitals, Tätigkeiten wie Schwimmen, Fliegen, Treppen steigen, Aufzug fahren sind Symbole für Geschlechtsverkehr. Ein kleiner Auszug aus seinem Buch zeigt, wie Freud bestimmten Symbolen im Traum sexuelle Bedeutung zuordnete:

»Vor einiger Zeit wurde es mir bekannt, daß ein uns fernerstehender Psychologe sich an einen von uns mit der Bemerkung gewendet, wir überschätzten doch gewiß die geheime sexuelle Bedeutung der Träume. Sein häufigster Traum sei, eine Stiege hinaufzusteigen, und da sei doch gewiß nichts Sexuelles dahinter. Durch diesen Einwand aufmerksam gemacht, haben wir dem Vorkommen von Stiegen, Treppen, Leitern im Traum Aufmerksamkeit geschenkt und konnten bald feststellen, daß die Stiege (und was ihr analog ist) ein sicheres Koitussymbol darstellt. Die Grundlage der Vergleichung ist nicht schwer aufzufinden; in rhythmischen Absätzen, unter zunehmender Atemnot kommt man auf eine Höhe und kann dann in ein paar raschen Sprüngen wieder unten sein. So findet sich der Rhythmus des Koitus im Stiegensteigen wieder.«

An dieser einseitigen Auslegung von Träumen wurde viel Kritik geübt. Ein wenig verständlicher wird das Ganze, wenn man berücksichtigt, in welcher Zeit Freud seine Theorie entwickelt hat und mit welchem Klientel (Bürgertum) er es zu tun hatte. Da kann man sich schon vorstellen, daß ein offenes Gespräch über Sexualität befreiend wirken und zu mancher positiven Veränderung führen kann.

Ein wichtiger Bestandteil der psychoanalytischen Arbeit mit Träumen ist die sogenannte **freie Assoziation**. Dies bezeichnet eine Art der Informationssammlung von Einfällen und Ideen, die der Person nach dem Erzählen des Traumes durch den Kopf gehen. Dabei geht man davon aus, daß sie in irgendeiner Art mit dem Traum oder mit bestimmten Inhalten zusammenhängen, ohne daß es bewußt beabsichtigt ist. Für die eigene Arbeit mit Träumen kann das eine Anregung sein, sich während des Aufschreibens eines Traumes Gedanken zu notieren, z.B. ein bestimmtes Ereignis aus der Kindheit, das zunächst vielleicht keinen unmittelbaren Bezug zum Traum hat. Erst später, wenn man den Traum genauer beleuchtet, erkennt man plötzlich die Zusammenhänge.

Alfred Adler, der Begründer der Individualpsychologie, war zunächst wie C. G. Jung Schüler von Sigmund Freud. Doch seine Theorie (z.B. Begriffe wie Machtstreben, Minderwertigkeit, Lebensaufgaben, auf die der Mensch hinarbeitet) wich immer mehr von Freuds Lehre ab, so daß es bald zur Spaltung kam. In bezug auf Träume greift diese Schule einen sehr interessanten Aspekt auf. Wenn eine Person mit einem erinnerten Traum aufwacht, wird die Frage gestellt, ob der Traum irgendeinen Anstoß zu einer Handlung im Wachleben geben könnte. Interessant ist dies vor allem bei Träumen, von denen man das Gefühl hat, daß die Handlung nicht abgeschlossen ist. Der Traum ist also eine Art Motivationsschub, sich mit bestimmten Problemen auseinanderzusetzen. Die Deutung von Trauminhalten geht, wie schon im Kapitel »Träume – Stoff für die Wissenschaft«, Seite 21 ff., angedeutet, in Richtung sogenannter Lebensaufgaben – bewußt oder unbewußt wirksame Muster in der Persönlichkeit – zurück, so in dem folgenden Traumbeispiel einer seiner Patientinnen:

»Mir träumte, als ob ich im Tanzsaal wäre, ich hatte ein hübsches blaues Kleid, war recht nett frisiert und tanzte mit Napoleon.«

Mit den Assoziationen der Träumerin und weiteren Träumen, in denen sich die Patientin als Prinzessin sieht, führt seine Deutung zur unbewußten Herrschsucht der Frau. Napoleon oder andere große Persönlichkeiten im Traum werden als Symbol der Gier nach Überlegenheit gesehen.

Eine wichtige Bedeutung kommt dem Traum auch in der Analytischen Psychologie C. G. Jungs zu. Er bietet Zugang sowohl zum persönlichen Unbewußten als auch zum kollektiven Unbewußten. Gerade seine Idee des kollektiven Unbewußten, das für alle Menschen ähnliche Symbole enthält, widersprach der Freudschen Theorie des Traumes sehr. Auch hier führte die Kontroverse mit Freud bald zum

Bruch, und C. G. Jung gründete seine eigene Richtung der Psychoanalyse. Als Symbole des persönlichen Unbewußten sind z.B. der Schatten (noch unentdeckte, meist als negativ angesehene Anteile der eigenen Persönlichkeit), Anima oder Animus (der gegengeschlechtliche Persönlichkeitsanteil) in den Träumen zu finden. Diese Symbole sind von Mensch zu Mensch sehr unterschiedlich, je nachdem, welche Eigenschaften die Person im Wachleben zeigt und welche z.B. aufgrund der Erziehung oder schlechter Erfahrungen nicht ans Tageslicht gelangen.

In anderen Worten heißt das: Alles, was man nicht ist, findet Eingang in den Traum. Meist geschieht das in der Art, daß diese Möglichkeiten von anderen Traumfiguren (Personen, Tiere) verkörpert werden und der/die Träumende sich auf die ein oder andere Art damit auseinandersetzen muß. Diese Sichtweise (sogenannte Subjektstufe) wird im Kapitel »Vertiefen der Traumarbeit«, Seite 112 ff., ausführlich dargestellt. Das kollektive Unbewußte enthält nach C. G. Jung Symbole, die für alle Menschen eine ähnliche Bedeutung haben, z.B. Symbole der Wandlung, des Wachstums etc.

Der Psychoanalytiker und Philosoph Erich Fromm, Autor von Büchern wie »Kunst des Liebens« und »Haben oder Sein«, führt diesen Gedanken weiter, indem er die Traumsprache als die universelle Menschheitssprache bezeichnet. Welche Gefahr in dieser Sichtweise liegt, wurde schon im vorigen Kapitel angedeutet. Symbole haben zwar eine für viele Menschen ähnliche Bedeutung (wie Wörter einer Sprache), doch ist ein Teil davon sehr persönlich und kann von Mensch zu Mensch sehr verschieden sein.

Eine wichtige Arbeitsweise der analytischen Psychologie, die Amplifikation, bedient sich dieser Idee, daß in Traumelementen nicht nur eine individuelle Bedeutung, sondern auch eine kollektive Qualität wie in Märchen und Mythen zum Ausdruck kommt. Ein Beispiel aus dem umfangreichen Werk C. G. Jungs soll veranschaulichen, wie er den Trauminhalt in Beziehung zu anderen Informationsquellen setzt:

»Im Meere liegt ein Schatz. Man muß durch eine enge Öffnung tauchen. Es ist gefährlich; aber man wird unten einen Gefährten finden. Der Träumer wagt den Sprung ins Dunkle und entdeckt dort unten einen schönen, regelmäßig angelegten Garten mit einem Springbrunnen in der Mitte.«

C. G. Jung nennt zum Symbol des Gefährten Beispiele aus der Bibel, der Bhagavadgita und dem Koran. Auch beim Springbrunnen verweist er auf eine Bibelstelle als Quell lebendigen Wassers.

Das Interessante dabei ist, daß es nicht um ein Verstehen des Symbols geht, was nach C. G. Jung gar nicht vollständig möglich ist, sondern um ein Erweitern des Kontexts. Das heißt, es werden Informationen zusammengetragen, um das Unbewußte anzuregen. Es soll nicht auf einer logischen Ebene erklärt werden, warum dieses Symbol jetzt im Traum aufgetreten ist. In Traumgruppen bietet diese Arbeitsweise viele spannende Möglichkeiten. Durch die Aufforderung an alle Gruppenmitglieder, Assoziationen zu dem Traumsymbol zu nennen, kann die Bedeutungsvielfalt einzelner Elemente immens erweitert werden.

Die drei genannten psychoanalytischen Schulen (Freud, Adler, Jung) lagen lange Zeit im Streit miteinander. Auch in bezug auf die Traumsymbole gingen die Meinungen weit auseinander. Freudianer sahen eher sexuelle Symbole, Jungianer eher Symbole des kollektiven Unbewußten. Im obigen Beispiel von Freud (Treppensteigen) hätte Jung vielleicht ein Wachstumssymbol gesehen, und Freud wäre es nicht schwer gefallen, sexuelle Symbole in dem Traumbeispiel von C. G. Jung zu finden. Einige Forscher untersuchten das genauer, indem sie den gleichen Traum verschiedenen Psychoanalytikern vorlegten. Die Deutungen wiesen manchmal einen gemeinsamen Kern auf, waren jedoch häufig sehr unterschiedlich. Somit hängt die Deutung eines Traumes nicht nur vom Trauminhalt ab, sondern auch von der Person, die den Traum deutet. In ähnlicher Weise wurden die Träume von Patienten/Patientinnen verglichen, die sich entweder in einer Analyse nach Freud oder nach Jung befanden. Interessanterweise stellte man fest, daß sich deutliche Unterschiede ergaben: Träume aus Freudschen Analysen wiesen mehr sexuelle Symboliken auf und Träume aus Jungschen Analysen wiesen mehr archetypische Symbole auf. Die Schlußfolgerung aus diesen Untersuchungen ist, daß die theoretischen Grundlagen des Therapeuten die Träume des Patienten/der Patientin beeinflußt haben. Es läßt sich auch leicht vorstellen, daß sich bestimmte Therapieinhalte in den Träumen finden, wenn man sich bis zu viermal die Woche über Symbole und deren Bedeutung unterhält.

Lange Zeit war die Psychoanalyse die einzige Therapierichtung, die sich der Arbeit mit Träumen bediente. Doch mit dem Entstehen vieler neuer Therapieformen, z.B. Gestalt-Therapie, Psychodrama, Gesprächspsychotherapie, kognitive Therapie, neurolinguistisches Programmieren, Familientherapie, wurde die Arbeit mit Träumen zumindest in einzelnen Fällen aufgegriffen und der jeweiligen Therapieform angepaßt.

Die Grundideen der humanistischen Psychologie, im speziellen der Gesprächspsychotherapie, werden im nächsten Kapitel ausführlicher erläutert, da sie die Grundlagen der hier vorgestellten Methode sind. Von den oben genannten Therapieformen hat sich vor allem die Gestalt-Therapie von Frederick S. Perls intensiv mit Träumen auseinandergesetzt. Der Begriff Gestalt kommt nicht von »gestalten« (kreative Dinge tun, malen etc.), sondern aus der Wahrnehmungspsychologie. Durch die Erforschung der menschlichen Wahrnehmung wurde deutlich, daß Objekte nicht als einzelne Strukturen gesehen werden, sondern als Ganzes (Gestalt). Ein komplexes Gebilde, das aus Stamm, Ästen und Blättern besteht, wird sofort als Baum bezeichnet. Ein weiteres Beispiel ist das Sehen von Gestalten in Wolken oder anderen unregelmäßigen Mustern.

F. Perls hat den Begriff der guten Gestalt auf die Psyche übertragen und geht davon aus, daß ungelöste Probleme zu einer Lösung (gute Gestalt) streben. Dabei nahm er an, daß diese ungelösten Gestalten jederzeit wirksam sind, so daß er in der Therapie nicht in die Vergangenheit gehen mußte, sondern im Hier und Jetzt an der Problemlösung arbeiten konnte. In der Traumarbeit war sein Hauptansatzpunkt, daß alles im Traum Vorkommende ein Teil des eigenen Selbst ist. So geht es bei einem Verfolgungstraum nicht um irgendeine außenstehende Macht, die einem Böses will, sondern um einen eigenen Persönlichkeitsanteil, der nach Auseinandersetzung und/oder Anerkennung verlangt. Dies ist die Fortführung der sogenannten Subjektstufe (s. unter C. G. Jung, Seite 27). Seine bevorzugte Arbeitsweise war das Rollenspiel.

Ein kleines Beispiel soll diese Methode deutlich machen:

»In meinem Traum war ich in einem Haus, das noch nicht fertig war, und die Treppe hatte kein Geländer. Ich steige die Treppe hinauf und komme sehr hoch hinauf, aber sie führt nirgendwo hin. Ich weiß, daß es in Wirklichkeit entsetzlich wäre, diese Treppe so hoch hinaufzusteigen. Im Traum ist es zwar schlimm genug, aber es ist nicht entsetzlich, und ich frage mich dauernd, wie ich das aushalten konnte.« Seine erste Anregung ist die folgende: »Sei dieses unfertige Haus und wiederhole den Traum.« Die Träumerin versucht, sich in das Haus hineinzuversetzen, und beschreibt aus diesem Blickwinkel den Traum, z.B. »Ich bin das Haus, und ich bin unfertig.« oder »Ich bin offen und ungeschützt.« und versucht, die Gefühle und Ideen mit Hilfe des Therapeuten in ihre Persönlichkeit zu integrieren.

Durch diese Herangehensweise schlüpft der/die Träumende in verschiedene Rollen des Traumes, z.B. in die des Widersachers, in ein Tier, aber auch in unbelebte Gegenstände. Der Traum wird aus verschiedenen Blickwinkeln betrachtet. So ist es leichter, sich einzufühlen, man kann mit dem Traum-Ich Dialoge führen und sehr viele verschiedene Aspekte das Traumgeschehens beleuchten. Das Ziel dieser Arbeit ist die Integration der entfremdeten Anteile in die eigene Persönlichkeit.

Ganz ähnlich ist die Herangehensweise des Psychodramas an Träume. Psychodrama, von J. Moreno begründet, hat als grundlegendes Prinzip, daß die Wahrheit der Seele durch Handeln ergründet werden kann. In der Therapie werden Probleme in Szene gesetzt, die einzelnen Rollen mit »Schauspielern« besetzt usw. Für die Traumarbeit bedeutet dies, daß der Traum in Handlung umgesetzt wird. Dazu wieder ein Beipiel:

»Er steht im Flur seines Elternhauses und bemerkt, daß ein Verrückter an der Haustür klingelt und mit aller Gewalt Einlaß begehrt.«

Es wird auf der Psychodramabühne ein Korridor eingerichtet, ein Stuhl dient als Haustür. Ein Gruppenmitglied übernimmt die Rolle des Verrückten. Durch das Spielen und den Rollentausch kommt der Mann, der als Arzt in der Psychiatrie arbeitet, seiner Einstellung zu Patienten und der Einstellung seiner Eltern zu seinem Beruf näher.

Wie im Beispiel werden die Traumrollen mit verschiedenen Leuten besetzt. Der Traum wird möglichst so nachgespielt, daß der/die Träumende das Gefühl hat, es stimmt. Aus dieser Inszenierung ergeben sich dann meist Ansatzpunkte, wie man den Traum fortsetzen könnte oder welche Auseinandersetzungen anders geführt werden könnten (z.B. nicht mehr weglaufen). Wie in der Gestalt-Therapie ist es auch hier ein Ziel, das besonders durch den Rollentausch (Träumer schlüpft in die Rolle des Verrückten) gefördert wird: das Verstehen und das Einfühlen in das Gegenüber. Für die psychodramatische Arbeit eignen sich nicht alle Träume; am besten sind Träume, in denen die Auseinandersetzung mit Personen im Vordergrund steht. Unbelebte Dinge mit Menschen zu besetzen verlangt eine äußerst gute Vorstellungskraft.

Die vielfältige Verwendung von Träumen in der therapeutischen Praxis zeigt deutlich, daß die Arbeit mit Träumen gewinnbringend ist und zur Weiterentwicklung und Heilung der Ratsuchenden beitragen kann.

Methoden der Traumarbeit

- Psychoanalyse (Sigmund Freud)   Freie Assoziation

- Individualpsychologie (Alfred Adler)   Traum als Motivation/ Anstoß

- Analytische Psychologie (C. G. Jung)   Amplifikation/Verstärkung

- Gestalt-Therapie (Frederick Perls)   Rollenspiel/Hineinversetzen

- Psychodrama (J. Moreno)   Durch- und Weiterspielen des Traumes

Grundprinzipien für die Arbeit mit Träumen

Die im praktischen Teil vorgestellte Arbeitsweise mit Träumen basiert zum einen auf den Grundideen der Gesprächspsychotherapie nach Carl Rogers und zum anderen auf bestimmten Grundgedanken zum Traumgeschehen. Diese Thesen sind als Sätze formuliert und mit Erläuterungen versehen. Das Verdeutlichen dieser Grundprinzipien erleichtert die Traumarbeit, und es wird klarer, wie die vorliegende Arbeitsmethode zustande gekommen ist.

In jedem Menschen wohnt eine Kraft zur psychischen Weiterentwicklung

Diese Idee wird vor allem von den humanistischen Therapieformen (Gesprächspsychotherapie, Gestalt-Therapie, Psychodrama, Familientherapie etc.) betont. Beim therapeutischen Arbeiten geht es nicht um die Vermittlung von Wissen durch Ratschläge oder darum, daß der Therapeut/die Therapeutin alles besser weiß. Am wichtigsten ist vielmehr, eine Atmosphäre zu schaffen, die das Wachstumspotential in der ratsuchenden Person anregt. In der Gesprächspsychotherapie sind dies vor allem folgende drei Aspekte:

- Akzeptanz
- Empathie
- Kongruenz

Unter **Akzeptanz** versteht man, daß die zuhörende Person das Gesagte nicht ablehnt oder negativ bewertet, sondern es als Ausdruck der Erlebniswelt des Erzählenden auffaßt. Akzeptieren in diesem Sinne bedeutet nicht, alles blind gutzuheißen, sondern man sollte ein tieferes Verständnis entwickeln, um eine Veränderung von innen heraus in Gang setzen zu können.

Bei der **Empathie** geht es darum, der erzählenden Person das Gefühl zu vermitteln, daß der/die Zuhörende versteht oder versucht zu verstehen, wie die Probleme aus der Sicht des Erzählenden aussehen. Wichtig ist also die Fähigkeit, sich in die Welt des Gegenüber hineinzufühlen und hineinzudenken.

Der Begriff **Kongruenz** steht für etwas, das man so beschreiben könnte: »Mit sich selbst und seinen Gefühlen in Einklang stehen.« Das heißt zum Beispiel, daß man sich selbst beim Zuhören bewußt ist, welche Gefühle vorhanden sind oder durch die Erzählung ausgelöst werden. So lassen sich unerwünschte Reaktionen vermeiden (z.B. Ärger über Vater, der durch den Traum von der anderen Person ausgelöst wurde), und man bleibt offen für die Gefühlswelt der erzählenden Person.

Diese Ideale – vollständig erreicht werden können sie nie – sind nicht nur für Therapiegespräche sinnvoll. Auch im Umgang mit dem Partner/der Partnerin, Freunden oder Familienangehörigen sind sie hilfreich, vor allem, wenn es um ganz persönliche Themen geht.

Bei der Arbeit mit Träumen sind zwei Aspekte im Zusammenhang mit diesem Grundprinzip von besonderer Bedeutung. Stößt man durch die Arbeit an Träumen auf Verhaltensweisen, die eher Schaden bringen (z.B. Wutanfälle, Rückzug, Überreaktionen, Angst) und die man ablegen möchte, sollte man sich folgendes vergegenwärtigen: In der Regel sind diese Verhaltensweisen zu einem früheren Zeitpunkt entstanden, um ein Problem oder eine schwierige Situation zu bewältigen, z.B. Durchsetzung eigener Wünsche, sich Gehör verschaffen, Schutz gegen Verletzung. Auch wenn die Verhaltensweise heute nicht mehr adäquat ist, so hat sie doch einen positiven Kern. Um diese positiven Aspekte von Handlungen im Traum geht es im Kapitel über die praktische Traumarbeit (s. Seite 46). Diese Sichtweise ist auch für den Umgang mit anderen Menschen ganz spannend, vor allem wenn sie Eigenschaften aufweisen, die man nicht so gerne mag. Insgesamt liefert hier die Arbeit an Träumen vielfältiges Material zu den Hintergründen und Entstehungsweisen solcher Verhaltensmuster.

Der zweite Aspekt bezieht sich auf die Traumarbeit mit anderen. In den entsprechenden Kapiteln wird noch einmal darauf eingegangen, wie wichtig es ist, sich in den Traum einzufühlen und hineinzudenken und nicht gleich ins Gespräch zu kommen oder mit vorschnellen Deutungen aufzuwarten. Das Ziel der Arbeit mit anderen Personen ist es, Hilfestellung zur persönlichen Weiterentwicklung zu geben.

Die Weiterentwicklung wird durch Erkunden der eigenen Möglichkeiten und ein tieferes Verständnis für andere Personen gefördert

Begriffe wie Individuation (C. G. Jung), Ganzwerdung oder Persönlichkeitsentfaltung zielen in die gleich Richtung. Durch die Auseinandersetzung mit der eigenen Erlebniswelt und mit anderen Personen und durch die Integration dieser Erfahrungen wird die psychische Weiterentwicklung gefördert. Sie gewinnen mehr inneren Frieden und inneres Glück.

In der Therapiegeschichte einer Frau mit einer multiplen Persönlichkeitsstörung (Joan Francis Casey: »Ich bin viele«) wird die Wichtigkeit dieser Integration verschiedener Aspekte der eigenen Person besonders deutlich. Unter dem Bild multiple Persönlichkeitsstörung versteht man ein für die betroffene Person unkontrollierbares Hin- und Herspringen zwischen verschiedenen Persönlichkeiten, die voneinander nichts wissen, also eine gespaltene Persönlichkeit. Frägt man eine Persönlichkeit, die im Moment im Vordergrund ist, nach der Vergangenheit, so wird deutlich, daß es viele Lücken gibt, in denen die anderen Persönlichkeiten aktiv waren. Diese Abspaltungen entstehen als Reaktion auf sehr schwere Mißbrauchserlebnisse. Die Psyche als Ganzes versucht sich durch das Abspalten gegen die Ohnmachtsgefühle und den Schmerz zu wehren.

In dem obengenannten Buch wird sehr eindrücklich der lange Weg der Therapie beschrieben. Die Heilung gelang vor allem dadurch, daß die Therapeutin die verschiedenen Persönlichkeitsanteile akzeptierte. Jeder Anteil bekam das Recht zugesprochen, da zu sein und gehört zu werden, auch wenn er destruktiv und selbstzerstörerisch war. Dieses Annehmen war der Grundstein für die Zusammenfügung aller Persönlichkeitsanteile zu einer Person. Bei »normalen« Personen kann man einzelne Eigenschaften oder Persönlichkeitszüge auch als Einzelanteile betrachten, z.B. die Eigenschaften, die auch die eigene Mutter hat. Das Ziel ist es, mit allen Aspekten im Einklang zu leben.

Bei der Arbeit mit Träumen, besonders mit Alpträumen, geht es nicht darum, böse Anteile oder Mächte zu unterdrücken und abzuspalten, sondern sie auch zu integrieren. Die Macht/Kraft, die im Traum so stark ist, daß sie Sie in Angst und Schrecken versetzt, soll in der Auseinandersetzung »gezähmt« werden; so kann sie als Hilfe zur Weiterentwicklung (Ganzwerdung) genutzt werden. Gerade Träume bieten durch ihre Vielfalt besonders gute Möglichkeiten, die eigene Wacherlebniswelt zu erweitern.

Der Schlüssel zur Lösung von Problemen liegt in einem selbst

Gerade für die Arbeit mit Träumen ist diese Idee sehr wichtig. Während viele analytische Schulen davon ausgehen, daß der Traum mittels der Deutung eines Analytikers vom Träumenden verstanden wird, betont dieser Ansatz, daß die Bedeutung des Traumes nur von der Person selbst verstanden werden kann. Überspitzt formuliert würde das heißen, daß Deutungen von außen zwar einen wahren Kern besitzen können, aber mehr über die deutende Person aussagen als über den, der träumt. Bei der Traumarbeit mit anderen ist es daher wichtig, den Träumenden mit Ideen und Fragen anzuregen, selbst der Bedeutung des Traumes näherzukommen. Der Erfolg läßt sich an einem Aha-Erlebnis oder einem tieferen Verstehen der eigenen Person ablesen und nicht an einer noch so pfiffigen und schlüssigen Deutung. Gerade bei der Arbeit in der Gruppe (s. Kapitel »Arbeiten mit anderen, Seite 68) ist es notwendig, diesen Grundgedanken nicht aus dem Auge zu verlieren. Der Prozeß der Traumarbeit richtet sich stark nach dem subjektiven Empfinden des Träumenden.

Träume sind Ausdruck der Psyche

Jeder kennt den Spruch: »Träume sind Schäume«. So gibt es immer noch einzelne naturwissenschaftlich orientierte Traumforscher, die in den Traumbildern bizarres und zusammenhangloses Zeug sehen. Demgegenüber steht jedoch die immense positive Erfahrung mit Träumen als Hilfe zur Selbstentfaltung; viele Forschungsarbeiten belegen, daß sich das Wacherleben im Traum widerspiegelt. Auch in der heutigen Zeit, in der häufig beruflicher Werdegang und materielle Dinge im Vordergrund stehen, existieren viele Vorbehalte gegenüber der Arbeit mit Träumen, deren Ziel die persönliche Weiterentwicklung zu innerem Frieden und Glück ist.

Träume sind vielschichtig

Träume sind so verschieden wie die Menschen, die sie träumen. Sie spiegeln Alltägliches, Persönliches, aber auch das soziale Umfeld und gesellschaftliche Normen wider. Für die Arbeit mit Träumen bedeutet das, daß es nicht die eine Methode gibt, sondern je nach Traum oder persönlicher Neigung können verschiedene Methoden in Frage kommen. Die ein oder andere Methode wird im Buch zumindest angeschnitten und kann mit der weiterführenden Literatur vertieft werden.

Träume
sind kreativ

Viele bekannte Künstler wie Dali und Miro nutzten die Ideen aus ihren Träumen für ihre Bilder, Romane oder Musikstücke. Auch unter Wissenschaftlern gibt es Einzelfälle, in denen im Traum des Rätsels Lösung gefunden wurde, z.B. die Entdeckung des Benzolringes von Kerkule. Natürlich ist es ein weiter Weg von der Traumidee zu einem Kunstwerk oder einer wissenschaftlichen Entdeckung, doch Träume bieten für jeden Menschen kreative Anregungen, sei es zum Malen, Zeichnen oder Schreiben. Auch Menschen, die sich im Wachleben für nicht sehr kreativ halten, können nicht leugnen, daß Nacht für Nacht neue Geschichten in ihrem Kopf entstehen. Der Traumzustand ist durch das lose Verknüpfen von verschiedenen Elementen, die aus dem Wachleben bekannt sein können, zu erstaunlichen Dingen fähig. So sind manche Träume einfach unterhaltend.

Träume enthalten nützliche
Informationen zur
persönlichen Weiterentwicklung

Träume sind natürlich nicht der einzig mögliche Zugang zu Informationen, die der Persönlichkeitsentwicklung dienlich sind, doch bieten sie einige Vorteile. Zunächst kann diese Quelle von jedem Menschen genutzt werden, da jeder träumt; mit etwas Training gelingt es auch, sich regelmäßig daran zu erinnern. Zweitens greift der Traum auf drei Ebenen Informationen des Wachlebens auf, die besonderes nützlich sein können.

Die erste Ebene besteht aus Wahrnehmungen von der Außenwelt, die tagsüber im Alltagstrubel untergegangen sind, z.B. Eindrücke von anderen Personen, vom eigenen Gesundheitszustand. Die zweite Ebene beinhaltet Informationen über die eigene Reaktion auf die Tagesgeschehnisse, z.B. Reaktion auf ein wichtiges Gespräch, auf eine Leistungsanforderung. Die dritte Ebene bezieht sich auf Konflikte oder Grundthemen, die sich tief im Inneren abspielen. Durch die besondere Darstellungsweise im Traum (bildhaft, dramatisches Überspitzen von einzelnen Elementen) wird der Blickwinkel im Wachleben um eine wichtige Sichtweise erweitert.

Traumerleben und Wacherleben sind vergleichbar

Das hört sich zunächst paradox an, da Träume und Wachleben sehr unterschiedlich sein können. Jedoch gibt es einige wichtige Merkmale, die beide Erlebniszustände gemeinsam haben. Das Bewußtsein während des Traumes (mit Ausnahme der luziden Träume, s. Kapitel »Typische Träume«, Seite 128) nimmt das Geschehen als erlebte Wirklichkeit an. Auch wenn bizarre, im Wachleben unmögliche Dinge passieren, werden sie vom Traum-Ich fast immer als »real« erlebt. Das heißt, daß die Erlebnisqualität in beiden Bewußtseinszuständen ganz ähnlich ist. Diese simple Sichtweise, die keineswegs andere Phänomene wie z.B. Wahrträume ausschließen soll, vereinfacht den Umgang mit Träumen ungemein. Wenn man im Wachleben Situationen erlebt, in denen man sich nicht wohlfühlt oder wo etwas schief läuft, dann versucht man, aus diesen Fehlern oder negativen Erfahrungen zu lernen, um in Zukunft besser mit solchen Situationen umgehen zu können.

Ganz ähnlich ist das mit der Arbeit an den eigenen Träumen: Es geht nicht darum, die »richtige« Deutung zu finden, sondern aus dem Traumgeschehen zu lernen. Das Problem der »falschen« Deutung oder das vorschnelle Übernehmen von Traumbotschaften wird so entschärft, denn kommende Situationen oder Träume sind dann Prüfsteine für die erfolgte Deutung. Gelingt es mir, die Situation besser zu meistern oder den Traum angenehmer zu gestalten, so bin ich auf dem richtigen Weg. Ist dies nicht der Fall, muß ich die gewonnenen Erkenntnisse und Traumbotschaften überdenken.

Einige Autoren gehen davon aus, daß Träume mehr Weisheit besitzen als das Wachbewußtsein. Eine blinde Annahme dieser These kann negative Folgen haben, indem man vorschnell Schlüsse aus dem Traumgeschehen zieht. Das ausschlaggebende Kriterium ist immer die Weiterentwicklung im Wachleben, hin zu freierer Entfaltung der Persönlichkeit und Verbesserung der Lebensqualität. Dieser Ansatz macht auch deutlich, daß reine Symboldeutungen von Trauminhalten oder Traumlexika mit Listen von Traumsymbolen kaum von Nutzen sind, da sie keine Hilfestellung für ganz persönliche Probleme bieten. Das wäre fast wie ein Ratgeber, der für alle Menschen in allen Lebenslagen eine Antwort parat hätte.

Diese Sichtweise würde auch beinhalten, daß der Traum keine tieferliegende, verborgene Meinung hat, sondern daß er – wie eine Art Fremdsprache oder Sprache der Metaphern – seine Aussage ganz deutlich darstellt. Das heißt, das Verstehen des Traumes ist von zentraler Bedeutung, nicht das Suchen nach einem tieferen Sinn.

Das Verständnis der eigenen Träume kann jeder Mensch erlangen

Um die eigenen Träume zu verstehen, bedarf es weder eines langjährigen Psychologiestudiums noch einer fundierten Ausbildung in Psychoanalyse. Sie brauchen auch keinen Fachmann, der Ihnen Ihre Träume erklärt. Sie selbst sind Experte/Expertin für Ihre Träume. Ein bißchen Anleitung zum Erlernen der Traumsprache kann hilfreich sein, ebenso die Unterstützung in einer Traumgruppe. Dies ersetzt aber nicht den Mut und die Offenheit, die notwendig sind, um zu einem tieferen Verstehen des eigenen Innenlebens zu gelangen.

Grundprinzipien der humanistischen Psychologie

- Jedem Menschen wohnt die Kraft zur psychischen Weiterentwicklung inne.

- Eine Weiterentwicklung ist möglich durch die Verbesserung der eigenen Möglichkeiten und ein tieferes Verständnis für andere Personen.

- Der Schlüssel zur Problemlösung liegt in einem selbst.

Grundgedanken zum Traumgeschehen

- Träume sind Ausdruck der Psyche.

- Träume sind vielschichtig.

- Träume sind kreativ.

- Träume enthalten nützliche Informationen zur persönlichen Weiterentwicklung.

- Traumerleben und Wacherleben sind vergleichbar.
  - Beide werden als »real« erlebt.
  - Lernen aus Träumen wie aus unangenehmen Situationen des Wachlebens.

- Verständnis der eigenen Träume kann jeder Mensch erlangen.

Praktischer Teil

Methoden der Traumerinnerung

Selbständiges Arbeiten mit Träumen

Arbeiten mit Anderen

Arbeiten in der Traumgruppe

Alpträume und ähnliche Phänomene

Arbeiten mit Kindern

Wiederholungsträume

Vertiefen der Traumarbeit

Typische Träume

Methoden der Traumerinnerung

Die Frage nach der Traumerinnerung ist für die praktische Arbeit unerläßlich, denn ohne erinnerten Traum geht gar nichts. Um kontinuierlich an den eigenen Träumen zu arbeiten, ist es sinnvoll, Träume aufzuschreiben, da sie (vor allem bei größerer Anzahl) leicht in Vergessenheit geraten. Sollten sie zu den Personen gehören, die sich selten oder fast nie an das nächtliche Traumgeschehen erinnern, so helfen einige einfache, aber wirkungsvolle Methoden, um die Traumerinnerung zu erhöhen.

Schon das Lesen eines Buches über Träume kann Wunder bewirken und die Traumerinnerung verbessern. Dies wird zusätzlich unterstützt, wenn man sich am Abend ein Blatt Papier mit Schreibzeug zurechtlegt und sich vor dem Einschlafen fest vornimmt, sich an einen Traum zu erinnern. Falls man nachts oder morgens aufwacht, ist es natürlich am besten, den Traum oder auch Erinnerungen an einzelne Gefühle oder Bilder zu notieren oder auf ein Diktiergerät zu sprechen. Sollten Sie in Eile sein, so ist es wichtig, zumindest einige Stichworte zu notieren, um den Traum dann später zu vervollständigen. Gerade wenn Sie nachts aufwachen und sich an den Traum noch erinnern, werden Sie häufig die Erfahrung machen, daß er am Morgen unwiederbringlich verloren ist, falls Sie keine Notizen gemacht haben. Eine Ausnahme liegt dann vor, wenn irgendein Ereignis oder Gegenstand Sie an den Traum erinnert; dieser zufällige Schlüsselreiz kann den Traum zurückholen.

Aber nicht jeder Mensch möchte nachts oder morgens gleich aus dem Bett springen und den Traum aufschreiben. Die angenehme Trägheit oder das Stören des Partners/der Partnerin könnte daran hindern. Doch auch hier gibt es eine einfache und wirkungsvolle Methode, um den Traum, der aus dem Schlafzustand kommt, besser ins Wachgedächtnis einzuprägen. Gehen Sie dazu den Traum in Gedanken mehrmals durch und versuchen Sie, Einzelheiten, Handlungen und Bilder vor dem inneren Auge Revue passieren zu lassen. So prägt sich der Traum ein und kann dann später notiert werden.

Allgemein ist zur Traumerinnerung anzumerken, daß es für den Menschen sinnvoll ist, Träume schnell zu vergessen. Stellen Sie sich vor, das Gedächtnis für Träume wäre ebensogut wie für Wacherlebnisse. Im Gedächtnis würde ein riesiges Chaos entstehen, und sie könnten irgendwann nicht mehr unterscheiden, was sie im Traum erlebt haben und was in der Wachwelt. So hat die Natur es eingerichtet, daß Träume bis auf einige sehr intensive Ausnahmen schnell wieder in Vergessenheit geraten.

Am Anfang kann es sein, daß Sie sich an keine »richtigen« Träume mit langen, intensiven Handlungssequenzen erinnern, sondern nur an einzelne Bilder, Gedanken oder Gefühle. Doch nach einiger Zeit regelmäßigen Aufschreibens dieser Bruchstücke wird die Traumerinnerung detaillierter. Umgekehrt könnte es auch der Fall sein, daß eine wahre Traumflut auf sie zukommt und Sie aus Zeitmangel nicht alle Träume aufschreiben können oder wollen. Es hilft dann, Träume in Stichworten zu notieren oder nur Träume auszuwählen, die Sie tief beeindrucken. Dabei sollte man auch auf Träume achten, die man nicht aufschreiben möchte, weil irgendwo ein innerliches Unbehagen da ist. Aus solchen Träumen läßt sich viel lernen, da sie andeuten, daß irgendeine Auseinandersetzung mit einem ungeliebten Problem ansteht.

Außer dem Aufschreiben oder Aufnehmen von Träumen gibt es noch die Möglichkeit, Träume zu zeichnen oder zu malen. Zum Beispiel Träume mit intensiven Farberlebnissen möchte man gerne im

Bild festhalten. Dieses Unterfangen gestaltet sich häufig schwieriger, als man denkt, da sich die Traumfarben nicht immer mit den »Wachfarben« des Malkastens darstellen lassen.

Gewöhnt man sich eine Regelmäßigkeit des Aufschreibens an, so ist es sinnvoll, sich ein **Traumtagebuch** anzulegen. Manche Menschen bevorzugen das Notieren auf einzelnen Blättern, da später die Träume einfacher nach bestimmten Themen sortiert werden können. Dafür ist es schwieriger, den zeitlichen Fluß nachzuvollziehen. Wieder andere, die ein Tagebuch des Wachlebens führen, schreiben Träume zwischen die anderen Tagebuchaufzeichnungen (eventuell mit einer anderen Farbe), damit die Zusammenhänge zwischen Träumen und Wachleben deutlicher hervortreten können. Jede dieser Methoden ist gleichwertig, es ist eine Frage der persönlichen Vorliebe.

Wenn Sie ein solches Traumtagebuch über einen längeren Zeitraum führen, werden Sie feststellen, wie spannend es ist, ältere Träume wiederzulesen (nun aus einem anderen Blickwickel) und sie mit aktuellen Träumen zu vergleichen. Gerade bei bestimmten Themen, z.B. Vater, Mutter oder Ex-Beziehungspartner, zeigen sich Entwicklungen sehr deutlich. Auch persönliche Eigenheiten des Traumerlebens werden wahrgenommen, wenn man seine Traumsammlung mit Träumen anderer Menschen vergleicht. Ein weiterer Vorteil des Traumtagebuchs ist es, daß Sie Ideen und Gedanken über die Bedeutung des Traumes, die Ihnen während des Aufschreibens durch den Kopf gehen, gleich mitnotieren können. Das kann die spätere Arbeit mit dem Traum erleichtern.

Noch ein Wort zur Traumerinnerung. Wie aus dem Kapitel »Träume – Stoff für die Wissenschaft« Seite 14 ff., deutlich wurde, träumt jeder Mensch etwa eine bis zwei Stunden pro Nacht – eine ungeheure Fülle an Material. Trotzdem ist die Traumerinnerung sehr unterschiedlich. Woran liegt das?

Es gibt viele Faktoren, die dafür verantwortlich gemacht werden können, z.B. Persönlichkeitsfaktoren (Offenheit, dünne Grenzen) Gedächtnisfähigkeit (vor allem visuelles Gedächtnis), Schlafdauer (je länger, desto mehr Träume), schlechter Schlaf (häufiges Erwachen), Phasen mit emotionalem Streß, Kreativität (vor allem Malen) usw. Jedoch zeigt sich, daß der Einfluß dieser Faktoren insgesamt eher klein ist, denn Personen mit einem großen Interesse an ihren

Träumen können ihre Traumerinnerung innerhalb kurzer Zeit drastisch verbessern.

Tips zur Traumerinnerung

■ Legen Sie vor dem Zubettgehen Papier und Schreibzeug oder Diktiergerät zurecht

■ Nehmen Sie sich abends vor, morgens aufzuschreiben

■ Erinnern Sie sich nachts/morgens zurück und wiederholen Sie im Gedächtnis Einzelheiten

■ Schreiben Sie gleich nach dem Aufwachen auf, notieren Sie zumindest Stichworte

■ Führen Sie regelmäßig Ihr Traumtagebuch

Selbständiges
Arbeiten mit Träumen

In diesem Kapitel wird eine Arbeitsweise vorgestellt, die aus 6 Schritten besteht. Sie basiert auf Ideen der Gesprächspsychotherapie (s. Seite 32 f.) und einzelnen Aspekten anderer Traumbearbeitungsmethoden (s. Kapitel »Von Freud bis heute«, Seite 24 ff.). Welches sind nun die typischen Merkmale dieser Art an Träume heranzugehen? Wenn Sie sich an einen Traum erinnern, möchten Sie wahrscheinlich gerne wissen, was der Traum zu bedeuten hat. Für die vorgeschlagene Art der Traumarbeit ist es wichtig, diese Fragen zunächst zurückzustellen, um möglichst offen und unvoreingenommen dem Traumgeschehen gegenüberzutreten. Wenn Sie zum Beispiel von Ihrer Mutter geträumt haben und die Tatsache, daß Sie am Vorabend mit ihr telefoniert haben, als Ursache für den Traum ansehen und ihn als »erklärt« beiseite schieben, dann verlieren Sie viele Möglichkeiten, die in dem Traum noch vorhanden sind.

Traumbeispiel

(Frau, Anfang 50): Ich sah ein Vogelnest mit Jungen darin. Eines wurde am laufenden Band gefüttert. Die Vogelmutter stopfte ständig allerlei leckere Insekten in den weit aufgesperrten Schnabel. Zuletzt sah ich, wie der Vogel einen dicken Regenwurm in kleine Stückchen zupfte und alles in das Schnäbelchen verschwinden ließ.

Aufgrund von theoretischen Vorkenntnissen (Sichtweise der Subjektstufe, s. Kapitel »Vertiefung der Traumarbeit«, Seite 112 ff.) oder Symbolvorschlägen aus Büchern kommen Sie vielleicht zu dem Schluß, daß es im Traum um einen Persönlichkeitsanteil von Ihnen, z.B. dem Mutterinstinkt, geht. Diese Deutung bleibt jedoch an der Oberfläche, wenn es Ihnen nicht gelingt, einen **Zusammenhang zum Wachleben** herzustellen, zu ähnlichen Situationen oder Gefühlen. Erst dann, mit dieser Verbindung, beginnen Sie den Traum besser zu verstehen. Das heißt, daß Theorien oder Symboldeutungen nur als Hinweise zu sehen sind, wo Sie im Wachleben nach Gemeinsamkeiten mit dem Traumgeschehen suchen können.

Auch die Kenntnis von Traumsymbolen, z.B. die Deutung bestimmter Trauminhalte als Sexualsymbole, kann zunächst hinderlich sein und eher zum Verallgemeinern führen als zur persönlichen Bedeutung des Traumgeschehens. Häufig ist es so, daß sich nach der Traumarbeit die Fragen nach dem »Warum« und die Symboldeutungen wie von selbst ergeben. Das wird an dem Traumsymbol Auto im Kapitel »Traumthemen«, Seite 136, deutlich. Die Symboldeutung erfolgt nicht zu Beginn, sondern erst nachdem man den Traum verstanden hat.

Die wesentliche Komponente der Methode ist, möglichst viele Informationen zum Traum und zum momentanen und früheren Wachleben (je nach Zusammenhang) zu sammeln, ohne sich unter Druck zu setzen, daß die Frage nach dem »Warum« beantwortet werden muß. Im obigen Traumbeispiel würde man sich den Traum, die Handlung und die Einstellung der Träumerin zur Handlung zunächst einmal genauer anschauen, das sind die Schritte 1 bis 3.

Im 4. Schritt wird versucht, einen Zusammenhang zwischen Traum und Wachleben herzustellen, seien es momentane Ereignisse oder Grundthemen. Dabei werden im wesentlichen die Gefühle und Handlungen des Traum-Ichs als Vergleichsmaßstab herangezogen, im Beipiel könnte die Frage nach dem Wunsch, gefüttert zu werden (im übertragenen Sinne), vielleicht weiterführen. Falls es nicht auf Anhieb gelingt, die Traumhandlung mit dem Wachleben in Beziehung zu setzen, sind Schlüsselfragen an den Traum, z.B. nach Gegnern, Zielen, Stärken, Schwächen, Helfern, und eine kurze Materialsammlung über die momentan wichtigsten Wachbereiche hilfreich.

Ist in diesem Schritt eine Verbindung zwischen Traum und Wachleben erkannt worden, so folgt der 5. Schritt, die Suche nach Lösungsmöglichkeiten, die im Traum schon ansatzweise vorhanden sind oder die Sie sich im Kontext der Traumbilder erarbeiten.

Der 6. und letzte Schritt betrifft das Umsetzen der Erkenntnisse der Traumarbeit ins Wachleben. Dabei ist es wichtig, die Deutung oder das Verständnis des Traumes zu überprüfen. Wenn das Ausprobieren von neuen Verhaltensweisen Sie auf Ihrem persönlichen Weg weiterbringt, dann ist die Traumarbeit gelungen. Aber wenn Sie merken, daß Sie nicht weiterkommen oder negative Erfahrungen damit machen, ist es angebracht, die Traumarbeit noch einmal zu überdenken.

Im folgenden werden die einzelnen Schritte zunächst ausführlich dargestellt und mit kurzen Beispielen anschaulich illustriert. Bei diesen Beispielen ist darauf zu achten, daß es keine Deutungsanweisungen sind. Auch wenn Ihr Traum ähnlich aussieht, kann er in eine ganz andere Richtung weisen. Dieses sollten Sie stets im Hinterkopf haben, wenn Sie Traumbeispiele mit Deutungsvorschlägen lesen. Überprüfen Sie ständig, ob die Anregung mit Ihrem Traum etwas zu tun hat oder nicht.

Um die Arbeit übersichtlich zu gestalten, ist es nützlich, sich die einzelnen Schritte auf ein gesondertes Blatt mit Kennzeichnung des Traumes zu notieren. Das erlaubt auch eine Kontrolle der Traumarbeit, wenn sich die Wachereignisse später weiterentwickeln. Da kein Traum wie der andere ist, eignet sich das Schema der 6 Schritte nicht immer in dieser Form; es kann bei Bedarf abgewandelt werden.

1. Schritt:
Vergegenwärtigen Sie sich
den Traum

In den seltensten Fällen wird man sich direkt nach dem Aufschreiben des Traumes an die Arbeit machen, sondern meist im Laufe des Tages oder der folgenden Tage. Lesen Sie den Traum noch einmal als

Ganzes durch, und versuchen Sie, sich die Einzelheiten zu vergegenwärtigen. Versuchen Sie dabei auch nachzuspüren, wie Sie sich im Traum gefühlt haben; auch vage Stimmungen oder unklare Empfindungen können wichtig sein. Meist ist dieses Vergegenwärtigen nur bis zu einem bestimmten Maß möglich, es kann sein, daß Sie sich an einzelne Elemente, Gefühle etc. nicht mehr erinnern. Das ist jedoch kein Hindernis, um weiterarbeiten zu können. Betrachten Sie das folgende Beispiel.

Traumbeispiel

(Mann, 65 Jahre): »Auf dem Rad, verfolgt von meinen früheren Gegnern, die mich nach wilder Jagd einholten und in ein chaotisches Gewirr von ineinanderverzweigten Räumen abdrängten. Es war mir nicht möglich, einen Ausweg aus alledem zu finden.«

Hier würde man versuchen, die einzelnen Traumelemente genauer zu beschreiben:

• Wie sahen die Gegner aus?
• Aus welcher Zeit von früher stammen sie?
• Gab es einen Grund für die Verfolgungsjagd?
• Wie sah das Raumgewirr aus?
• Gab es Versuche, einen Ausweg zu finden, und wenn ja, welche?

An diesem Beispiel wird deutlich, daß es gerade bei flüchtig notierten Träumen noch eine Menge an Details, Gefühlen, Stimmungen gibt, die Sie, wenn Sie mehr Zeit zur Verfügung haben, hinzufügen können.

Falls Sie direkt beim Aufschreiben Notizen zum Trauminhalt gemacht haben, lassen Sie diese noch einmal auf sich wirken. Auch jetzt besteht die Möglichkeit, Gedanken und Einfälle in der Art der freien Assoziation zu notieren. Achten Sie jedoch darauf, daß Sie den Druck nach dem »Warum« und »Was-bedeutet-das« abschütteln und zunächst »nur« Informationen sammeln, die Ihnen spontan einfallen.

2. Schritt: Schlüsseln Sie die Trauminhalte auf

In diesem Schritt werden die einzelnen Elemente des Traumes näher betrachtet, jedoch nicht unter dem Gesichtspunkt der Deutung, z.B. Schlange als Symbol der Sexualität oder ähnliches. Es geht vielmehr um die genauere Beschreibung, wie Sie sich selbst, andere Personen, Tiere und Landschaften im Traum wahrnehmen und welchen Bezug Sie zu diesen vorkommenden Traumelementen im Wachleben haben.

Im Falle der Schlange würden Sie sich zum Beispiel fragen: Sah die Schlange einer realen Schlange ähnlich? Hatte ich im Traum genauso große Angst vor der Schlange wie im Wachleben? Haben Schlangen für mich etwas Faszinierendes? usw. Ganz ohne Druck sammeln Sie die Informationen zu den Traumelementen.

Dazu beginnt man zunächst mit dem Traum-Ich. In den meisten Träumen ist das Traumgeschehen kein Film, der vor dem inneren Auge abläuft, sondern der/die Träumende sind in das Geschehen miteinbezogen, ganz so wie im Wachleben. Wenn Sie nun den Traum mit dem Wachleben vergleichen, so können Sie Unterschiede zwischen ihrem Traum-Ich und dem Wach-Ich festhalten, z.B. ob Sie im Traum jünger oder älter sind, ob Sie sich mutiger verhalten oder vor Dingen Angst haben, die Sie real nicht ängstigen, ob Sie im Traum aggressiver sind als im Wachleben etc. Dabei ist es wieder wichtig, nur Informationen zu notieren und noch nicht nach der Bedeutung dieser Unterschiede zu fragen. Ein Beispiel soll diesen Schritt verdeutlichen.

Traumbeispiel

(Frau, 58 Jahre): »Ich habe geträumt, daß ich Ski laufe und Tennis spiele. Im Traum bin ich etwa 21 Jahre alt. Ich bin mit meiner besten Freundin zusammen, habe keine Wehwehs, fühle mich unabhängig, die ganze Welt liegt vor mir.«

Folgende Fragen könnten hier von Bedeutung sein: Wie habe ich mich als 21jährige gefühlt? Was war in meinen Einstellungen und Wünschen besonders deutlich anders, als es heute ist? War ich im Traum genauso, wie ich tatsächlich als 21jährige war, oder gab es auch Unterschiede?

In vielen Träumen werden Sie kaum Unterschiede zwischen Traum-Ich und Wach-Ich finden. Das bestätigt noch einmal die Idee, daß Traumzustand und Wachzustand in gewisser Weise vergleichbar sind.

Wenden Sie sich nun dem nächsten Teilschritt zu, den Traumpersonen. Wenn es sich um Ihnen bekannte Traumpersonen handelt, vergleichen Sie wieder, ob die Person sich im Traum so verhält, wie sie es im Wachleben tut, oder ob es Unterschiede gibt, z.B. eine nette Person ist im Traum aggressiv usw. Das folgende, recht unterhaltsame Traumbeispiel soll verdeutlichen, welche Fragen hier gestellt werden können.

Traumbeispiel

(Mann, 61 Jahre): »Bei einer Schiffs- oder Bahnreise habe ich mit Rudolf Scharping gesprochen. Er erklärte mir anhand eines Berichtes in der Süddeutschen Zeitung sein neues Konzept zur Überwindung der Mannheimer Finanzkrise. Dies sollte durch den Abschluß von Lebensversicherungen für Hühner erfolgen. Ich habe später jemandem erklärt, daß das nicht funktioniert, weil die Versicherungsgesellschaften die für Menschen kalkulierten Tarife wohl nicht für die viel kurzlebigeren Hühner akzeptieren werden.«

Trotz des etwas ungewöhnlichen Gesprächsinhaltes sollte man sich in bezug auf die Person Rudolf Scharpings folgende Fragen stellen. Wie war die Stellung im Traum von mir zu dieser Person? Haben wir uns zufällig getroffen? Wie sehe ich diese Person im Wachleben? War Rudolf Scharping im Traum genauso, wie ich ihn aus meinem Wachleben kenne? Welche Eigenschaften gefallen/mißfallen mir an ihm?

Falls Sie keine Unterschiede feststellen können oder es sich um Personen handelt, die Sie seit längerer Zeit nicht gesehen haben, so notieren Sie sich kurz ihr Verhältnis (eventuell damals) zu dieser

Person und welches die wichtigsten Eigenschaften dieser Person sind. Achten Sie dabei auf Eigenschaften, die Sie an der Person mögen, und auch auf solche, die Sie nicht mögen. Hier gilt wieder, daß es nur um das Sammeln von Informationen geht. Bei Ihnen unbekannten Personen fällt die Vergleichsmöglichkeit weg. Versuchen Sie hier kurz, das Verhältnis dieser Person zu Ihnen im Traum in Worte zu fassen und die zentralen Eigenschaften dieser Person aufzuschreiben. Wieder soll ein Beispiel diese Vorgehensweise verdeutlichen.

Traumbeispiel

»Eine Frau erzählt mir, wie sie zum Malen gekommen ist. Sie hat ein kleines, rundes Gesicht, das von einem Tuch umrandet ist. Ich glaube, es sind noch andere Zuhörer da. Zunächst lächelt sie die ganze Zeit, aber ihr kleiner Mund kann sehr ernst sein. In Mexiko hat eine Künstlerin sie begeistert, die Stilrichtung ist kritische Malerei. Zuerst hat sie ihren Vater beredet, daß er ihr Farben kaufen soll. Sie stammt aus einfachen Verhältnissen. Sie erzählt, daß sie irgendwann selbst die Farben gekauft hat, seitdem malt sie. Vorher hat mir schon einmal eine Frau erzählt, wie sie zum Malen gekommen ist. Auch sie ist von einer Frau begeistert worden, allerdings in einer anderen Stilrichtung, mit der die meisten Menschen mehr anfangen können.«

Die wichtigsten Eigenschaften der ersten Frau waren für den Träumer die folgenden: kreativ, begeisterungsfähig, durchsetzungsfähig, wenn es um das Erreichen eines Zieles geht, viel innere Power, eigenwillig. Zu der zweiten Frau waren dies die Eigenschaften: kreativ, als Künstlerin anerkannt, etabliert, anpassungsfähig. Diese Informationen werden im 4. Schritt zum Vergleich zwischen Traum und Wachleben weiterverwendet.

Zu der Herangehensweise an Traumpersonen sind im Kapitel »Vertiefung« unter dem Abschnitt Subjektstufe/Objektstufe, Seite 112, noch einige Anregungen zu finden.

Im weiteren Vorgehen werden nun auch Tiere, Gegenstände und Traumorte betrachtet. Um gerade bei längeren Träumen nicht in einer Informationsflut zu ersticken, greift man sich die subjektiv wichtigsten Elemente heraus. Nehmen wir an, Sie bewegen sich in einer Landschaft, die Sie aus Ihrer Kindheit kennen, aber es sind auch Unterschiede zu früher vorhanden. Notieren Sie kurz Ihr damaliges Gefühl gegenüber dieser Landschaft und fassen Sie die Punkte, die anders sind, in Worte. Bei Tieren und Gegenständen wird zunächst verglichen, ob es Übereinstimmungen mit aus dem Wachleben bekannten Tieren oder Gegenständen gibt, z.B. ein Eichhörnchen, das einen Meter groß ist, ein Löwe, der ganz zahm ist, Ihr Schreibtisch, der jedoch im Traum etwas verändert ist. Bei Tieren oder wichtigen Gegenständen können Sie sich auch wieder die wichtigsten Eigenschaften dazunotieren.

Traumbeispiel

(Mann, 27 Jahre, Kindheitstraum): »*Ich bin unter dem Gefieder einer großen Eule gefangen. Es ist sehr warm, fast zu warm. Ich fange an, zu schwitzen. Es riecht irgendwie unangenehm, es stinkt fast. Die Eule scheint ihre Flügel dicht an ihren Körper anzulegen und drückt mich mit ihrem Flügel an sich — sie hält mich gefangen. Ich kann mich durch das dichte Federkleid nicht herausarbeiten. Ich schwitze. Draußen ist es wohl dunkel und kalt. Es muß Winter sein. Die weiten Felder sind mit Schnee bedeckt. Obwohl ich im Gefieder des Vogels stecke, kann ich mir die Schneelandschaft gut vorstellen.*«

Welches sind nun die wichtigsten Eigenschaften der Eule? Sie spendet Wärme im Gegensatz zu der winterlichen Landschaft, aber eher zuviel. Insgesamt ist es eine unangenehme Situation für den Träumer. Die Eule hält den Träumer gefangen und drückt ihn an sich.

Vielleicht gibt es auch wichtige Ereignisse oder Gefühle, die mit dem Traumgegenstand/dem Traumtier verbunden sind. Gerade fremde Häuser oder Wohnungen, in denen der Traum spielt, bieten interessante Möglichkeiten in bezug auf die Gesamtdeutung des Traumes, wenn damit bestimmte Gefühlsstimmungen verbunden sind.

Nachdem Sie nun diese Informationen gesammelt haben, betrachten Sie noch einmal alles in Ruhe und gehen dann zum nächsten Schritt.

3. Schritt:
Untersuchen Sie die
Handlungen im Traum

Im dritten Schritt werden die Handlungen im Traum näher untersucht. Welche Handlungen sind zentral im Traum? Ist es z.B. ein Kampf, eine Auseinandersetzung, Einsamkeit, das Thema Nähe – Distanz, eine Herausforderung, ein Davonlaufen, Angst vor etwas haben? Betrachten Sie dazu noch einmal das Traumbeispiel zu Schritt 1 (s. Seite 49): Die Handlung ist aus der Sicht des Traum-Ichs Flucht vor Gegnern, Abdrängung ins Chaos und vergebliches Suchen nach einem Ausweg.

Beim Auffinden der zentralen Handlung sind zwei Aspekte von Bedeutung. Versuchen Sie, die Handlung aus der Sicht des Traum-Ichs zu beschreiben, und zwar möglichst allgemein, ohne die Bilder des Traumes zu verwenden. So gelangt man an die Grundstruktur des Traumes. Ganz ähnlich ist das Vorgehen, wenn man Metaphern von ihrer Bildersprache in Handlungen übersetzt, z.B. »mit dem ist nicht gut Kirschen essen«, »vom Regen in die Traufe kommen« etc. Dieses Abstrahieren bei Träumen wird durch die folgenden zwei Beispiele deutlicher.

Traumbeispiel

(Mann, 60 Jahre): »Ich stehe mit mehreren Menschen auf einer unheimlich hohen Böschung, einem sehr hohen Kamm. Ich bin nicht schwindelfrei, andere auch nicht. Ich rate den anderen, nicht zu weit vorzugehen. Es hält sich keiner daran, jeder geht etwas vor, z.B. krabbeln sie auf dem Bauch und schauen über den Rand. Ich bin etwas aufgeregt, sehe aber nicht, ob jemand herunterfällt. Die Landschaft ist klein, eine Ortschaft ist weit weg zu sehen.«

Der Träumer befindet sich in einer gefährlichen Situation mit anderen Menschen. Die Neugier treibt die anderen trotz Warnung in die Gefahr. Es hört keiner auf den Träumer.

Traumbeispiel

»Wir, eine Dreiergruppe, sind mit einem Boot auf einem großen See unterwegs. Wir suchen einen Berg, der über 8000 Meter hoch ist, und halten danach Ausschau. Außer mir sind eine Frau und noch ein Mann an Bord. Zunächst schauen wir auf das riesige Bergmassiv und können nichts Auffälliges entdecken. Da kommt unser Steuermann auf die Idee, in eine bestimmte Bucht zu fahren. Und siehe da, von dort aus ist ein Leuchten, ein leichtes, gelbes Blitzen auf einer Bergspitze zu sehen. Dieser Berg ist 8015 Meter hoch. Wir freuen uns und legen an. Die Frau und ich machen uns fertig zum Aufstieg. Es wird einige Tage dauern. Sie möchte Klamotten zum Wechseln mitnehmen, sieht jedoch bald ein, daß jedes Übergewicht zu vermeiden ist. Sie ist schlank und eher zierlich gebaut. Wir packen Proviant ein und los geht's. Es wird sehr beschwerlich, doch es ist auf alle Fälle machbar.«

Das Traum-Ich ist mit anderen auf der Suche nach einem Ziel. Mit Hilfe der Idee eines anderen wird das Ziel gefunden. Er und eine Frau machen sich auf den Weg, dieses Ziel zu erreichen. Es ist beschwerlich, aber bewältigbar.

Versuchen Sie wie in den beiden Beispielen, zu Ihrem Traum die wichtigsten Handlungssequenzen zu notieren.

Der zweite Aspekt bezieht sich auf die Intensität der erlebten Traumgefühle oder des Traumgeschehens. Dabei ist die Annahme hilfreich, daß der Traum Situationen oder Problembereiche aus dem Wachzustand aufgreift, besonders betont und dramatisch darstellt. So wird im folgenden Traum der Wahlkampf auf interessante Weise sehr plastisch und eindrucksvoll dargestellt.

Traumbeispiel

(Mann, 67 Jahre, 1990 berichtet): »*Bundeskanzler Kohl hielt vor einer großen Menschenmenge eine Rede. Ich stand etwas erhöht rechts hinter ihm. Neben mir der Oppositionsführer Vogel. Auf einmal hörte man lautes Geschrei, ein Hagel von Eiern flog auf Kohl zu. Er versuchte, mit den Händen sein Gesicht zu schützen. Plötzlich wurde es ganz still auf dem Platz, alle schauten wie gebannt nach oben. In Kiellinie kamen drei riesige Flugsaurier mit gemächlichem Flügelschlag lautlos angeflogen. Jeder Saurier ließ ein gewaltiges Ei auf Kohl fallen. Der Bundeskanzler ging jedesmal unter der Wucht des Aufpralls in die Knie, erhob sich aber sofort und hatte immer wieder einen neuen sauberen Anzug an. Bei jedem Treffer rieb sich der SPD-Vogel zufrieden lächelnd die Hände. Wütend schrie Kohl in die Menge: 'Das habe ich nur der SPD zu verdanken!' Dann wandte der Bundeskanzler sich um, drohte den davonfliegenden Sauriern und schrie ihnen in einer unbekannten Sprache etwas nach. Vogel wiegte nachdenklich den Kopf, hob resignierend die Hände und sagte: 'Was soll ich denn jetzt noch tun?'*«

Im Traum wird der meist verbal geführte Wahlkampf in sehr anschauliche und greifbare Bilder umgesetzt. Die gegenseitigen Angriffe werden überspitzt in die Bildersprache des Traumes gefaßt.

Auch bei Mord und Totschlag im Traum ist zu vermuten, daß hier der Traum dramaturgische Mittel benutzt, um etwas überspitzt darzustellen. Diese Zuspitzung wird im folgenden Beispiel deutlich.

Traumbeispiel

(Mann, 22 Jahre): »*Es ging um meine alte Klasse, es war ein Treffen organisiert und zwar in einer Bundeswehrkaserne. Wir haben da längere Zeit gewohnt. Mit der Zeit ist alles immer chaotischer und brutaler geworden. Es fing an mit kleineren Reibereien um die soziale Stellung und steigerte sich bis zu offenen Kämpfen um Leben und Tod. Ich habe mit jemandem gekämpft, den ich nicht kannte.*«

Der Traum beinhaltet die Steigerung von Machtgerangel innerhalb der Gruppe bis hin zum lebensgefährlichen Kampf. So bekommt das anfängliche Thema viel mehr Gewicht und wird dem Träumer eindrucksvoll nahegebracht. Noch deutlicher wird diese Überspitzung bei Alpträumen (s. Kapitel »Umgang mit Alpträumen«, Seite 95).

Wenn Sie unter diesen zwei Geschichtspunkten, Abstrahierung und Überspitzung, die zentrale Handlung des Traumes in befriedigende Worte fassen konnten, dann gehen Sie bitte zum vierten Schritt über (⇒ Vierter Schritt, Seite 58).

Gelingt es Ihnen nicht auf Anhieb, eine befriedigende Beschreibung zu finden, so stehen weitere Möglichkeiten offen. Sie können den Traum noch einmal aufschreiben, wobei Sie nur die Verben stichpunktartig notieren, ohne Personen, Gegenstände, Örtlichkeiten etc. zu nennen. Diese Methode kann die grundlegende Handlungslinie sehr deutlich machen, auch wenn die Vorschläge zum Abstrahieren für Ihren speziellen Traum nicht so passend sind.

Im Kapitel »Vertiefung der Traumarbeit« wird die Idee dargestellt, den Traum mit einem Theaterstück oder Film zu vergleichen. Wenn Sie dieses Konzept auf Ihren Traum anwenden, welchen Titel würden Sie Ihrem Traum geben?

Traumbeispiel

»Ich bin Tierärztin und werde zu einem Bauern gerufen. Ich denke, es handelt sich um eine kranke Kuh oder ein krankes Schwein. Das kranke Tier ist jedoch ein Robbenbaby mit einem vereiterten Auge. Ich behandle das Auge und binde der Robbe einen großen Verband um.«

Bei diesem kurzen Traum könnte der Titel vielleicht ganz einfach »Helfen« lauten.

Außer diesem Suchen nach einem Titel können auch die Schlüsselfragen an den Traum darauf aufmerksam machen, was die Grundthematik ist. Einige dieser Schlüsselfragen mit dazugehörigem Beispiel finden Sie im Abschnitt »Vertiefen der Traumarbeit«, Seite 118.

Bei längeren Träumen kann es sein, daß eine Handlung, z.B. ein Nähe-Distanz-Konflikt, mehrmals in ganz verschiedenen Kulissen auftaucht und aus verschiedenen Blickwinkeln beleuchtet wird. So wird in dem folgenden kurzen Traumbeispiel das Thema Nähe-Distanz auf zwei unterschiedliche Arten aufgegriffen; einmal weicht das Wasser zurück und das andere Mal weicht die Träumerin zurück.

Traumbeispiel

(Frau, 33 J.): »Ich bin eine andere Person und gehe schwimmen. Als ich ins Wasser will (Hallenbad), geht das Wasser zurück (Ebbe und Flut). Ein Mann sucht mich und findet mich. Er sagt, er liebt mich, aber ich will allein sein. Dann merke ich, wie ich mich verwandle – von der anderen Person in die eigenen Person – und wache auf.«

Wenn es Ihnen gelingt, eine solche wiederkehrende Handlung zu entdecken, ist schon ein wichtiger Schritt in Richtung Verständnis geglückt.

4. Schritt:
Vergleichen Sie Traum
und Wacherleben

Dieser Schritt ist eine der schwierigsten Aufgaben. Nachdem nun viele Informationen zusammengetragen wurden, geht es darum, die zentralen Handlungen (Schritt 3) und die Beschreibungen der einzelnen Trauminhalte (Schritt 2) mit dem aktuellen Wachleben zu vergleichen. Wo gibt es Parallelen, die zwar in der Bildersprache des Traumes anders ausgedrückt werden, jedoch eine ähnliche Grundthematik behandeln (Beziehungsverhalten, beruflicher Streß, Freundschaften etc.)? Betrachten Sie dazu noch einmal den Kindheitstraum mit der Eule, Seite 53. Die zentrale Handlung könnte zu der Frage führen, ob der Träumer seine Eltern als überbehütend empfand. Vielleicht gab es aber auch andere Umstände, die ihn festgehalten haben? Es geht also um die Suche nach Erlebnissen und Gefühlen ähnlicher Art.

Im ersten Traumbeispiel des 3. Schrittes (»hohe Böschung«) könnten die Fragen zum Vergleich mit dem Wachleben in folgende Richtung gehen: Gab es Situationen (im Traum eventuell überspitzt dargestellt), in denen andere (neugierige) Personen nicht auf seinen Rat gehört haben?

Erst die Antwort auf diese Fragen führt zum Verständnis des Traumes, da er dann in den gesamten Lebenskontext eingeordnet werden kann. Dieses In-Beziehung-Setzen wird durch das Beispiel am Ende des Kapitels (s. Seite 62) und die Beispielträume im Kapitel »Typische Träume« (s. Seite 122 ff.) weiter verdeutlicht.

Falls Sie keine direkten Einfälle zu diesem Vergleich haben, machen Sie sich eine kurze Liste von den wichtigsten Dingen, mit denen Sie sich zur Zeit auseinandersetzen, z.B. Gesundheit, Beziehung, Prüfung, und schreiben Sie auf, in welcher Weise Sie dies tun. Oft ergeben sich aus einer solchen Materialsammlung »zufällige« Verbindungen zum Traumgeschehen.

Lassen sich auch nach längerer Zeit keine Zusammenhänge feststellen, so bleibt nur die Möglichkeit, den Traum als eigenständiges Erlebnis zu betrachten. Im Falle von negativen Erfahrungen im Traum sollten Sie nach einer Verbesserungsmöglichkeit für dieses Traumverhalten suchen.

5. Schritt: Suchen Sie nach Lösungsansätzen im Traum

Falls Sie im vorhergehenden Schritt eine Entsprechung zwischen Traum und Wacherleben gefunden haben, ist der nächste Schritt die Suche nach Anregungen und Lösungsmöglichkeiten, die im Traum vorhanden sein können. Nicht selten finden sich zumindest Ansätze davon, z.B. helfende Personen, eigene, neue Verhaltensweisen. Ganz besonders anschaulich ist dazu das folgende Beispiel.

Traumbeispiel

(Frau, Mitte 50): »Sie ist auf einem Fest. Es gibt ein großes Buffett. Sie hat Hunger und möchte gerne davon nehmen. Doch da meldet sich ihr Gewissen, das sagt, daß man das nicht tut. Man muß zunächst um Erlaubnis bitten usw.«

Noch im Traum wird ihr bewußt, daß es sich um einen Traum handelt und sie sich nicht an die Regeln des Wachlebens halten muß. Sie greift zu. Der Traumbericht macht deutlich, daß im Traum ein neues, freieres Verhalten als im Wachleben auftritt. Der Traum gibt somit einen Anstoß, sich auch im Wachleben von überstrengen, internen Maßregeln zu lösen. Hier bedarf es keiner großartigen Deutung, um den Traum zu verstehen. Das teilweise Bewußtwerden, daß es ein Traum ist, hat hier die Deutungsarbeit zum großen Teil erledigt.

Falls der Traum zwar eine Parallele zum Wachleben aufweist, jedoch keine Idee zur Veränderung bietet, so ist es ratsam, den Traum schreibend fortzusetzen. Das ist gerade bei Träumen interessant, die ein sehr unbefriedigendes und abruptes Ende haben. Ausgehend vom Traumbericht wird ein Schluß so angefügt, daß er in ein für Sie positives Ende mündet. Was müßte passieren, welche Hilfen oder eigenen Kräfte sind dazu nötig? Dabei ist es wichtig, zunächst an den Traumbildern zu bleiben und nicht »abzuheben«. Dagegen beugen Sie am besten vor, wenn Sie sich ab und zu in die Stimmung des Traumes hineinversetzen. Denn es geht nicht darum, eine aufgepropfte, von außen kommende Lösung zu finden, sondern eine Lösung, die dem bisherigen Trauminhalt Rechnung trägt und Ihren Möglichkeiten entspricht.

Die Fortsetzung (siehe folgendes Beispiel) wirft ein neues Licht auf den Trauminhalt. Kernpunkt ist die Sehnsucht nach einer Freundschaft, welche die Traumperson, die man als Persönlichkeitsanteil des Träumers sehen kann, zunächst nicht findet.

Beispiel zur Traumfortsetzung:

»Ein junger, kräftiger Mann, Indianer oder zumindest indianischer Abstammung, geht durch ein Gelände, auf dem sich auch andere Leute aufhalten und mit etwas beschäftigt sind. Er will Selbstmord begehen, bindet ein Seil fest, legt sich die Schlinge um den Hals, zögert noch einen Moment und springt dann den Abhang hinunter. Für mich ist es sehr bitter und ich habe Angst.« (Traumende) Doch sein Zögern konnte ich nutzen, um mein Wurfmesser aus dem Gürtel zu ziehen. Ich werfe und bete, daß ich auf diese Entfernung genaue treffe. Und tatsächlich. Das Messer trifft genau das Seil am Ast und durchtrennt es ganz. Der junge Mann kugelt die weiche Erde hinunter. Kurze Augenblicke später bin ich bei ihm und halte ihm den Kopf. Er hat sich nicht verletzt, ist allerdings ziemlich verwirrt. Er fängt an zu weinen. Er fühlte sich so einsam und nun hat er einen Freund gefunden. Nach einer Weile stehen wir auf und umarmen uns. Gemeinsam gehen wir durch das Gelände und genießen unser Leben. Er gefällt mir sehr gut, er ist ruhig, tatkräftig, sensibel, und wir gehören zusammen. Unser beider Kraft wird uns weiterhelfen.«

6. Schritt:
Setzen Sie die
Lösungsansätze um

Dieser Schritt ist sehr wichtig, da die Arbeit mit Träumen nicht zum Selbstläufer werden soll. Um die »richtige« Deutung oder besser gesagt das Verständnis des Traumes nachzuprüfen, ist ein aufmerksames Beobachten der weiteren Wacherlebnisse (und Träume) notwendig. Hier wird sich jedoch nur etwas verändern, wenn Sie die Erkenntnisse aus Ihrer Traumarbeit in greifbare Veränderungen umsetzen. Dazu ist es sinnvoll, die Traumarbeit in zwei oder drei Sätzen zusammenzufassen, etwa unter den Gesichtspunkten, was hat mir die Traumarbeit an neuen Erkenntnissen gebracht oder was hat mir der Traum verdeutlicht. Dieser Überblick vereinfacht das Ausarbeiten von Ideen, die zur Integration ins Wachleben dienen. Je konkreter eine Lösungsidee ist, desto einfacher ist ihre Umsetzung.

Enthält der Traum z.B. Gefühle, die Sie für eine Person aus Ihrem näheren Umfeld empfinden und die Sie dieser Person gerne mitteilen möchten, so überlegen Sie, wie dies am besten möglich ist. Vielleicht in einem Gespräch oder in einem Brief? Welche Vorbereitungen sind dafür nötig?

Der Traum kann jedoch auch eine Aufforderung enthalten, sich über bestimmte Themen mehr Gedanken zu machen. Ein erster Schritt war die Arbeit mit diesem speziellen Traum, aber vielleicht gibt es noch mehr Dinge, die sie tun können, um die Sache genauer zu beleuchten, z.B. ein Gespräch mit einer guten Freundin/einem gutem Freund oder dem Partner/der Partnerin.

Eine Möglichkeit, die auf Alfred Adler zurückgeht, ist es, den Traum als Puscher zu nutzen, gerade, wenn neue Verhaltensweisen oder Gefühle im Traum auftauchen. Das veranschaulicht das folgende Beispiel.

Traumbeispiel

»*Ich bin auf einer Art Kongreß in einem großen Vorlesungssaal. Es ging gerade um Religion. Einige der Anwesenden beginnen zu singen. Es ist eine angenehme Atmosphäre. Ein älterer Mann ist vorne am Rednerpult und bittet um das Wort. Er erzählt, daß er etwas mit Frau L. abgesprochen hat. Er ist im Personalwesen und erzählt über die Hierarchien, die in der psychiatrischen Klinik existieren. Ich merke, wie aggressiv ich werde. Hierarchien sind mir sowas von zuwider. Später bin ich in der Vorhalle im Gespräch mit einigen Leuten, unter anderem Prof. A. Es geht um ein Projekt, das er vorhat. Ich bin ihm gegenüber sehr direkt und offen.*«

Dieses gute Gefühl des Traumes dem Vorgesetzten gegenüber war ein Anstoß, die Wachängste, die damit in Verbindung stehen, und insbesondere die Vorbehalte gegenüber Hierarchien, gegen die der Träumende eine enorme Abneigung hegt, zu überwinden. So konnte der Träumer mit dem Vorgesetzten ein wichtiges Gespräch über berufliche Perspektiven führen.

Die Abfolge der 6 Schritte ist prinzipiell auf jeden Traum anwendbar. Dennoch werden die »Erfolge« sehr unterschiedlich sein. Je weiter weg das Traumgeschehen von Ihren Wacherfahrungen liegt,
desto schwerer wird ein Verstehen des Traumes. Hier ist es vorteilhaft, sich nicht übermäßig unter Druck zu setzen, sondern zunächst
mit »einfacheren« Träumen zu beginnen.

Das folgende Beispiel einer selbständigen Traumarbeit verdeutlicht
noch einmal die Abfolge aller Schritte.

Traumbeispiel, 1. Schritt: Vergegenwärtigen Sie sich den Traum

»Großer Saal mit vielen Leuten. Thich Nhat Hanh hält eine Rede. Es
ist ungewöhnlich laut, besonders, als er eine Pause macht, um zu
rauchen. Er zieht genußvoll an der Zigarette und läuft dabei hin und
her. Ich wundere mich, daß er raucht, und frage mich, ob er es acht-
sam tut. Um die Ruhe wiederherzustellen, versuchte eine Frau, den
großen Gong zu schlagen, doch irgendwie geht es unter. Dann geht
es um seinen Sohn, der auf der Säuglingsstation ist. Es war ein lan-
ger Kampf, ihn dort unterzubringen, obwohl er es dringend nötig
hatte. Ich besuche sein Zimmer, in dem etwa 10 bis 12 andere Kinder untergebracht sind. Als ich auf den Gang hinaustrete, sehe ich
auf einem Türschild, daß die Station von einer Ärztin geleitet wird.
Dann treffe ich Thich Nhat Hanh. Er will wissen, wie mir sein Sohn
gefällt. Mir gefällt er. Er heißt Wicki oder so ähnlich. Ich spreche
darüber, daß die meisten Kindern den Müttern zugeordnet werden,
weil die Väter durch Arbeiten kaum Zeit für die Kinder haben. Bei
ihm denke ich, daß es anders ist. Ich finde es im nachhinein selt-
sam, das zu ihm gesagt zu haben.«

Traumbeispiel, 2. Schritt: Schlüsseln Sie die Trauminhalte auf

- Saal: Erinnert an einen Vorlesungssaal an der Universität.
- Thich Nhat Hanh: Buddhistischer Mönch und Lehrer. Er hat in seinem Leben bestimmt noch nicht geraucht. Es besteht im Traum also ein Widerspruch zu den Wacheigenschaften dieser Person. Wenn er rauchen würde, würde er es mit voller Konzentration tun.
- Frau: Bekannt aus dem Wachleben, jedoch wenig Kontakt. Eher ein hektischer, unruhiger Typ.
- Gong: Bei Vorträgen von Thich Nhat Hanh wirkt der Gong beruhigend, da sich die zuhörenden Personen auf ihren Atem konzentrieren.
- Rauchen: Wird von mir als Nichtraucher negativ bewertet, kann man das mit voller Bewußtheit machen?
- Säuglingsstation: Komisches Grundgefühl, als ich mich dort aufhalte, kein Pflegepersonal, leer, keine Übereinstimmung mit der Realität.
- Sohn: Als Mönch hat Thich Nhat Hanh keine leiblichen Kinder, sondern eher geistige Kinder, Schüler. Sein Sohn gefällt mir. Es gefällt mir, wie er als Vater sich um ihn kümmert. Der Name Wicki erinnert mich an meinen Rufnamen aus meiner Kindheit.
- Väter: Durch das Arbeiten haben sie keine Zeit, sich um die Kinder zu kümmern. Mein eigener Vater war ebenfalls wenig zu Hause.

Traumbeispiel, 3. Schritt: Untersuchen Sie die Handlungen im Traum

Die Kernhandlung des 1. Traumteiles ist das Rauchen. Jemand, den ich schätze, tut etwas, was nicht zu ihm paßt und mir mißfällt.

Im 2. Teil des Traumes kümmert sich ein Vater um sein Kind, sorgt für die notwendige Behandlung. Das gefällt mir.

Traumbeispiel, 4. Schritt: Vergleichen Sie Traum und Wacherleben

Für den 1. Teil des Traumes fallen mir viele Situationen ein, in denen ich das Rauchen von mir bekannten Personen nicht mag. Bei manchen neige ich dazu, sie deswegen insgesamt eher negativ zu sehen. Dazu fällt mir ganz konkret ein früherer Freund ein, der viel geraucht hat und einige Eigenschaften besaß, mit denen ich nur schwer umgehen konnte. Auf der anderen Seite ist er ein ganz lieber Kerl.

Der 2. Teil hat einerseits den konkreten Bezug, daß ich mir Gedanken mache, wie es ist, selbst Vater zu sein. Auf der anderen Seite denke ich viel über meine persönliche Weiterentwicklung nach und ob die buddhistische Richtung geeignet ist. Einige positive Erfahrungen bestätigen mich in diese Richtung. Allgemein wird noch das Thema angesprochen, für jemanden zu sorgen, wie es ein guter Vater für sein Kind tun würde. Da gibt es einige Zusammenhänge zu Situationen, in denen ich mehr für mich und meine Bedürfnisse tun möchte.

Traumbeispiel, 5. Schritt: Suchen Sie nach Lösungsansätzen im Traum

Für den ersten Teil beinhaltet der Traum eine Idee zur Lösung. Da eine von mir geschätzte Person raucht, gibt dieser Traum zu verstehen, daß Eigenschaften, die mir mißfallen, nicht ausschlaggebendes Kriterium für die Grundeinschätzung dieser Person sein sollten.

Der zweite Teil zeigt an, daß mir das Kind von Thich Nhat Hanh (die buddhistische Richtung) gefällt. Das Kind ist zwar krank und schwach, jedoch wird es durch Fürsorge des Vaters und der Krankenstation wieder gesund.

Traumbeispiel, 6. Schritt: Setzen Sie die Lösungsansätze um

Ich möchte meine Bewertungen überprüfen. Wieviel Gewicht haben negative Eigenschaften und wieviel positive? Beim ehemaligen Freund haben diese Fragen schon etwas zum Umdenken geführt.

Ich werde die buddhistische Richtung weiterverfolgen und weiterhin prüfen, ob es mir guttut. Ebenso werde ich mehr darauf achten, ob ich selbst mehr Fürsorge brauche und mich mehr um mich kümmern, wie es ein liebender Vater tut.

Weitere Anmerkungen

Sicher ist Ihnen aufgefallen, daß nicht alle Traumelemente und Aspekte dieses Traumes bearbeitet wurden. Zwei für den Träumer wichtige Handlungen sind herausgegriffen worden. Ein auführlicheres Bearbeiten nimmt natürlich eine Menge Zeit in Anspruch und hängt davon ab, wie tief Sie in das Verständnis des Traumes eindringen wollen.

Für die Sichtweise der Subjektstufe/Objektstufe (s. Kapitel »Vertiefen der Traumarbeit«, Seite 112) bietet das Traumbeispiel interessante Anhaltspunkte. Auf der einen Seite wird Thich Nhat Hanh, der raucht, auf der Objektstufe gesehen; es geht also im Wachleben um die Beziehung des Träumers zu anderen Menschen mit ähnlich gemischten Eigenschaften (positiv und negativ). Auf der anderen Seite ist der Sohn Thich Nhat Hanhs im Traum eher auf der Subjektstufe gesehen worden, das hilfsbedürftige Kind als Ausdruck für den spirituellen Persönlichkeitsteil, und der Vater als Wach-Ich, das sich um diesen Anteil kümmert.

Traumarbeit

Zunächst sollte man sich von Deutungsabsichten und Warum-Fragen lösen.

1. Schritt: Vergegenwärtigen Sie sich den Traum
   - Lesen Sie den Traum
   - Ergänzen Sie Details
   - Notieren Sie spontane Einfälle

2. Schritt: Schlüsseln Sie die Trauminhalte auf
   - Sammeln Sie Informationen (ohne Deutungsabsicht) zu Traum-Ich, Traumpersonen, Tieren, Gegenständen, Traumorten

3. Schritt: Untersuchen Sie die Handlungen im Traum
   - Was ist zentral?
   - Abstrahieren Sie von den Traumbildern
   - Liegen Übertreibungen vor?
   - Wenden Sie nach Bedarf Schlüsselfragen an (siehe Seite 118)

4. Schritt: Vergleichen Sie Traum und Wacherleben

5. Schritt: Suchen Sie nach Lösungsansätzen im Traum
   - Setzen Sie den Traum schreibend fort

6. Schritt: Setzen Sie die Lösungsansätze um
   - Fassen Sie die Traumarbeit zusammen
   - Probieren Sie neue Verhaltensmuster aus
   - Prüfen Sie an der Realität, ob sich die Veränderung positiv ausgewirkt hat

Arbeiten
mit Anderen

Einerseits ist die vorgestellte Traumbearbeitungsmethode ideal für das selbständige Arbeiten geeignet. Sie benötigen keine Person aus Ihrem Umkreis, die sich für Träume interessiert. Sie arbeiten in einem geschützten Raum, können die Trauminhalte auf sich wirken lassen, mögliche und unmögliche Lösungsansätze erarbeiten usw. Durch den 6. Schritt, die Umsetzung der Erkenntnisse der Traumarbeit in das tägliche Leben, können Sie in der Auseinandersetzung mit anderen Personen überprüfen, wie fruchtbar Ihre Arbeit war.

Andererseits ist die Methode aber auch geeignet, um mit anderen an Träumen zu arbeiten. Die Traumarbeit mit einer anderen Person ist eine wertvolle Ergänzung zum selbständigen Arbeiten. Gerade bei Träumen, bei denen Sie nicht weiterwissen, können Anregungen von außen den entscheidenden Stein ins Rollen bringen.

Man kann zu zweit oder in einer Gruppe über Träume sprechen. Da das gemeinsame Arbeiten mit Gleichgesinnten, d.h. Personen, die an Träumen und Traumarbeit interessiert sind, sehr spannend und förderlich ist, sind im nächsten Kapitel spezielle Hinweise für die Gründung und die Durchführung einer solchen Traumgruppe dargestellt.

Für eine gute Arbeit mit Träumen ist es wichtig, sich ein paar Gedanken über die Gesprächssituation zu machen. Träume beinhalten sehr persönliches Material und können in Bereiche führen, in denen man verletzlich ist. Dafür ist es notwendig, einen geschützten Raum zu haben. Solche Bedingungen sollten sich z.B. in einer guten Psychotherapie finden lassen. Doch mit der hier vorgestellten Arbeitsweise ist es sehr gut möglich, mit bekannten und vertrauten Personen, Partner/Partnerin oder Freund/Freundin an Träumen zu arbeiten. Dazu dienen einige Anhaltspunkte in diesem Kapitel.

Die grundlegende Idee dabei ist, daß die zuhörende Person den Träumenden in seiner Suche nach der Bedeutung des Traumes anhand der 6 Schritte unterstützt. Wenn Sie zum Beispiel Kenntnisse über Traumsymbole aus eigenen Träumen oder aus der Literatur (Freud, Jung) haben, bombardieren Sie Ihre Gesprächspartner nicht damit, sondern hören Sie im ersten Schritt zu, und versuchen Sie, sich in den fremden Traum hineinzudenken und hineinzufühlen.

Im zweiten Schritt können dieses Wissen und die Erfahrungen aus eigenen Träumen in Frageform in das Gespräch eingebracht werden, um der anderen Person Anregungen zu vermitteln. Das Ziel ist es, daß der Träumende den Traum und somit sich selbst besser versteht.

Möchten Sie eine andere Person zu Rate ziehen, um an einem eigenen Traum zu arbeiten, ist es sinnvoll, diese Person in Grundzügen mit der Traumbearbeitungsmethode aus dem vorigen Kapitel vertraut zu machen und die folgenden Hinweise in diesem Kapitel gemeinsam durchzugehen. So legen Sie den Grundstein für eine fruchtbare Gesprächsatmosphäre.

Nach den allgemeinen Hinweisen zur Arbeit mit anderen, die wieder als Sätze formuliert sind, folgen noch einige praktische Gesichtspunkte und ein Beispiel, um die Arbeitsweise zu verdeutlichen.

Gutes Zuhören ist wichtig

Dieser Satz mag trivial klingen, doch ist es oft gar nicht so leicht, sich ganz zurückzuhalten und nicht schon eigene Gedanken oder Ideen einzuflechten, während der Traum noch erzählt wird. Dieses Zuhören hat das Ziel, daß man lernt, sich in den Traum hineinzuversetzen und einzufühlen. Es entstehen Bilder vom Traumgeschehen, die durch eigene Erfahrungen geprägt sind. Durch Fragen kann man prüfen, ob sie auch vom/von der Träumenden so gesehen werden oder ob es sich nur um eigene Bilder handelt. Anschließend wird das Ganze vertieft durch an den Traum gestellte Fragen zu bestimmten Traumorten, zum Aussehen der Personen oder zur Wahrnehmung von Gefühlen. Eigene Gedanken oder Ideen sollen nicht weggedrängt werden, sondern zunächst in Warteposition verharren, um im nächsten oder übernächsten Schritt als Anregung dienen zu können.

Unter diesem Zuhören ist nicht das reine Reden-lassen gemeint, sondern die Schaffung einer Atmosphäre des Verstehens. Der/die Erzählende soll den Eindruck bekommen, daß das Gehörte aufgenommen wird, daß sich der Zuhörer/die Zuhörerin einfühlt und zu verstehen versucht.

Dieses »einfache« Prinzip ist einer der Wirkfaktoren der Gesprächspsychotherapie, geht also über das reine Sammeln abstrakter Informationen hinaus. Selbstverständlich ist das Annehmen des Traumes. Der/die Träumende darf keinesfalls durch abwertende Kommentare (wie kann man so etwas träumen) verunsichert werden.

Der/die Träumende ist die höchste Autorität

Bei den Gesprächspartnern sollte immer deutlich sein, daß die Entscheidung, was erzählt wird, ob jetzt abgebrochen oder die Antwort verweigert wird, bei der Person liegt, die den Traum erzählt. Eine solche Entscheidung sollte auch nicht durch Drängen oder Nachhaken in Frage gestellt werden. Das Ziel ist es, eine Atmosphäre zu schaffen, in welcher der/die Träumende das Gefühl hat, die Situation selbst kontrollieren zu können. Das erfordert manchmal ein Zurücknehmen des Zuhörenden. Auch die Einschätzung, ob die Arbeit »erfolgreich« ist oder nicht, hängt ganz vom subjektiven Urteil der träumenden Person ab. Wenn sie ein Aha-Erlebnis hat, dann ist etwas in Bewegung gekommen.

Deutungen von außen sind »nur« Vorschläge

Wenn Sie gegenüber einer anderen Person einen Vorschlag machen, was der Traum bedeuten könnte, denken Sie daran, daß dies »nur« ein Vorschlag ist. Er kann Zustimmung finden oder genausogut abgelehnt werden, je nachdem, ob dieser Vorschlag bei dem/der Träumenden etwas berührt. Bei dieser Arbeit geht es mehr darum, durch Fragen (s. voriges Kapitel) den Träumer/die Träumerin anzuregen, sich mit dem Traum und den dazugehörigen Wachereignissen auseinanderzusetzen. Das gelingt besser, wenn Ideen nicht als Deutungsvorschlag formuliert werden, sondern als offene Frage, z.B. »Könnte das mit dem und dem zusammenhängen« usw. Betrachten Sie dazu folgendes Beispiel.

Traumbeispiel

»Eine Maus wird im Haus gefunden und kommt in einen Käfig. Sie tut mir leid. Ich denke: In so einem kleinen Käfig kann man sich nicht wohlfühlen.«

Falsch wäre es nun, eine Deutung in der Art vorzuschlagen: »Die Maus ist ein Persönlichkeitsanteil von dir, der im Moment gefangen gehalten wird.« Sondern man würde eine offene Frage formulieren, z.B. in der Art: »Kennst Du das Gefühl, eingesperrt zu sein?«. Solche Vorschläge von außen sagen mehr über die deutende Person aus als über den Traum selbst. Ist man sich dessen bewußt, wird man vorsichtiger mit vorschnellen Deutungen und versucht stattdessen, den Träumenden anzuregen, den Traum aus verschiedenen Blickwinkeln zu betrachten. In dem obigen Beispiel könnte es durchaus sein, daß die Träumerin selbst auf die Idee mit der Maus als Persönlichkeitsanteil kommt, d.h., das Ziel ist das gleiche, nur der Weg ist ein anderer. Das eine Mal ist es eine Deutung von außen, das andere Mal ist es eine Deutung von innen.

Akzeptieren von Vorschlägen des/der Träumenden

Eine Weiterführung des obigen Punktes ist es, die Vorschläge des/der Träumenden zu akzeptieren und weiterzuführen. Durch vertiefende Fragen könnte man klären, ob der Vorschlag, ein Traumelement mit einem kürzlich erlebten Ereignis in Zusammenhang zu bringen, tatsächlich die richtige Spur ist. Das bedeutet, daß man zunächst dem Faden des Erzählenden folgt. Nur im Falle, daß er nicht weiterkommt und keine Ideen mehr hat, wird man vorsichtig dazu übergehen, eigene Ideen und Vorschläge einzubringen. Dabei ist immer zu überprüfen, ob diese Gedanken dem/der Träumenden helfen, eine neue Spur aufzunehmen.

Positive Anregungen geben

In jeder Eigenschaft steckt ein positiver Kern. Auch Dinge, die einem an sich selbst nicht gefallen, hatten früher einmal eine wichtige Funktion in der Entwicklung der Psyche. Gerade bei der Traumarbeit ist es wichtig zu akzeptieren, daß man diese Eigenschaft hat, und sich klar zu machen, daß das Herausarbeiten des positiven Kerns zu einer Veränderung führt. Anregungen von außen, die bei der Problembewältigung helfen (basierend auf dem Traum) und nicht nur Problemdarstellung sind, können für die betreffende Person hilfreich sein. Die Zielrichtung ist dabei, daß Problem zu erkennen und zu benennen, aber im Hinterkopf zu behalten, daß es veränderbar ist. Die Frage, wie kann ich in Zukunft an ähnliche Situationen wirkungsvoller herangehen, ist von entscheidender Bedeutung. Deutlicher wird das am folgenden Beispiel.

Traumbeispiel

»Ich habe mit einigen Bekannten und meinem Ex-Freund Klaus an einem Tisch gesessen, und wir haben über Beziehungen erzählt. Alle meinten, daß Klaus und ich eine sehr gute Beziehung gehabt hätten und daß wir wieder zusammenkommen sollten. Bin mir total bedrängt vorgekommen. Als ob meine Meinung überhaupt nichts zählt. Denn ich meine, daß unsere Beziehung das reinste Chaos war, und jetzt fühle ich mich alleine für das Scheitern unserer Beziehung verantwortlich.«

Die Problembeschreibung ist, daß sich die Träumerin von anderen überrollt fühlt und sich selbst Vorwürfe macht. Durch Fragen an die Träumerin kann man Sie anregen, sich über den positiven Teil des Traumes Gedanken zu machen, z.B. »Wie ist deine eigene Meinung über die Beziehung?«, »Wie könnte man das anderen Menschen so erklären, daß sie es nachvollziehen können?« usw.

Deutlich wird dieses Prinzip auch, wenn Sie eine Person betrachten, die in Ihrem Traum vorgekommen ist und die aus Ihrer Sicht negative Eigenschaften besitzt. Machen Sie sich auch hier bewußt, daß sich die Person diese Eigenschaften nicht zu ihrem Vergnügen zugelegt hat oder um Sie zu ärgern, sondern auch diese Eigenschaften hatten früher in anderen Beziehungskonstellationen ihren Sinn. Wenn es gelingt, diesen positiven Kern zum Beispiel mit der Frage »Was hat es damals Positives gebracht?« aufzudecken, dann wird sich Ihre Einstellung zu dieser Person ändern. Es kann sogar sein, daß sich im Kontakt mit Ihnen diese Eigenschaft verändert.

Wenn Sie mit einer anderen Person an einem Traum arbeiten, in dem eine solche negativ gesehene Person auftritt, versuchen Sie auch hier, in die oben angedeutete Richtung zu gehen. Allerdings darf nicht nicht das Gefühl entstehen, der Ärger und die Wut, die man auf diese Person hat, sind unberechtigt. Es ist hilfreich, sich der eigenen Gefühle der Person gegenüber bewußt zu sein und gleichzeitig im Auge zu haben, daß das Verstehen dieser Person vor allem einen selbst weiterbringt, zu mehr innerem Frieden und Ruhe führt. Es wird Ihnen dadurch auch leichter fallen, mit eigenen ungeliebten Eigenschaften behutsamer und liebevoller umzugehen.

Bei der praktischen Realisierung einer solchen Traumarbeit zu zweit ist zunächst auf den verfügbaren Zeitrahmen zu achten. Wenn es Ihnen möglich ist, planen Sie genügend Zeit ein, denn ein Gespräch zwischen Tür und Angel ist ungeeignet. Die Umgebung sollte so sein, daß Sie auch über Persönliches sprechen können. Außerdem sollte klar sein, daß der Inhalt des Gesprächs nicht nach außen kommt.

Der Ablauf des Gesprächs orientiert sich an den 6 Schritten des vorigen Kapitels, beginnend natürlich mit der Traumerzählung. Der Schwerpunkt liegt dabei auf dem Traum und der träumenden Person. Die zuhörende Person stellt Fragen, z.B. um den Trauminhalt präsenter zu machen, Anregungen zu Verknüpfungen zum Wachleben zu geben etc. Die Gesprächsführung bleibt in der Hand des/der Träumenden. Sie/er bestimmt, wann es genug ist. Im Anschluß an die eigentliche Traumarbeit ist ein Erzählen der zuhörenden Person, was durch die Traumarbeit an eigenen Anteilen berührt worden ist, für beide Seiten sehr aufschlußreich.

Beispiel für die Traumarbeit zu zweit

Der Traum wird von einer Frau, Mitte 20, erzählt. Die Ausführungen beruhen auf überarbeiteten und gekürzten Notizen des Gesprächs.

T: »Ich gehe auf einem festgewalzten Sandweg auf ein kleines freistehendes Haus zu, von dem ich weiß, daß es mein Elternhaus ist. Ich gehe hinein und bin in der Küche. Dort ist meine Schwester mit einer anderen Person, eventuell ihrem Mann. Meine Schwester legt Goldbarren in eine Plastikwanne und übergießt sie mit Wasser, um sie zum schmelzen zu bringen. Ich wundere mich, was sie da tut. Ich spreche kurz mit meiner Schwester, weiß aber nicht mehr was. Dann gehe ich durch das Wohnzimmer auf den Balkon. Dort ist Weihnachtsschmuck, und ich habe zwei Blumentöpfe mit Plastikblumen und leuchtenden Weihnachtskerzen fertig dekoriert. Als ich wieder hineingehe, geht die Beleuchtung des Weihnachtsschmuckes an. Sprung. Ich gehe wieder auf dem

Sandweg auf das Haus zu und bin wieder in der Küche. Meine Schwester und diese dritte Person sind ebenfalls wieder da. Meine Schwester gießt Wasser in die Wanne, in der jetzt Kerzen liegen. Ich wundere mich darüber noch mehr als beim ersten Mal. Die dritte Person kommt auch auf die Idee, Töpfe und andere Dinge mitzunehmen. Meine Eltern scheinen nicht zu Hause zu sein. Sprung. Ich sitze neben einer dicken fetten Frau auf einer Bank. Sie hat unser Haushaltsportemonnaie in der Hand und will Geld herausnehmen. Ich bin völlig entsetzt.«

I: »Hast du spontane Einfälle zu dem Traum?«

T: »Keine, außer dem Gefühl, daß alle drei Teile zusammengehören.«

I: »Jetzt möchte ich einige Fragen zu den Traumelementen stellen. Gab es Unterschiede zwischen Traum-Ich und Wach-Ich?«

T: »Nein, ich habe mich im Traum gefühlt wie im Wachleben.«

I: »Im Traum kam deine Schwester vor. Sah sie genauso aus wie in der Realität?«

T: »Ja, sie sah genauso aus wie immer, nur hat sie sich anders verhalten. Sie war irgendwie heimlich da, die Eltern sollten es nicht mitkriegen. Etwas einfach so mitzunehmen ist nicht die Art von meiner Schwester.«

I: »Wie war die dritte Person?«

T: »Sie war der Anstifter meiner Schwester: ›Laß uns die Töpfe mitnehmen.‹ Es war eine eher unangenehme Person, deshalb bin ich im Traum auch aus der Küche gegangen.«

I: »Die letzte Person war die Putzfrau. Kennst du sie aus dem Wachleben?«

T: »Sie sieht aus wie eine Putzfrau aus der Klinik, in der ich Praktikum mache, aber es ist keine bekannte Person. Im Traum war sie für mich eine Diebin. Es sah so aus, als ob sie was klaut.«

Es folgten noch Fragen zu dem Weg (unbekannt), dem Haus (kleiner, schäbiger als das reale Elternhaus), dem Balkon (wie in Realität zu Weihnachten), der Plastikwanne (bekannt), den Goldbarren (unbekannt, bißchen merkwürdig, aber nicht mehr).

I: »Was war das Wichtigste am Traum?«

T: »Das Übergießen der Goldbarren und später der Kerzen fand ich wichtig, weil es zweimal vorkam.«

I: »Was war dabei das Kerngefühl?«

T: »Ich habe mich gewundert, was da passiert. Ich habe mich auch etwas ausgeschlossen gefühlt. Wie das Gefühl, wenn ich lange nicht zu Hause und nicht auf dem Laufenden bin. Das zweite Mal habe ich mich im Traum mehr gewundert.«

I: »Und in der dritten Sequenz mit der Putzfrau?«

T: »Da war ich sauer auf die Frau, die das Geld genommen hat.«

I: »Wenn du die Handlung und die Gefühle des Traumes anschaust, gibt es für dich Parallelen zum Wachleben?«

T: »Ja. Ich kann nicht verstehen, wie man so sein kann. Es gibt viele kleine Sachen bezüglich meiner Schwester und ihrem Mann, worüber ich mich ärgere, z.B. über seine Art. Er läßt keinen anderen neben sich gelten, er hält sich für das Wichtigste usw. Über meine Schwester wundere ich mich, was sie sich von ihm gefallen läßt. Auch wird sie mir in letzter Zeit fremder, da ich sie mir nur schwer als Hausfrau und Mutter vorstellen kann.«

I: »Ein Lösungsansatz, der im Traum vorhanden ist, ist das Hinausgehen auf den Balkon. Da hast du dich wohlgefühlt.«

T: »Ja. Das erinnert mich an Weihnachten. Da war ich drei Wochen zu Hause, das war schön. Freundinnen haben mich besucht, meine Eltern hatten mehr Zeit als an einem Wochenende.«

I: »Was könntest du im Traum machen, um mit dem Wundern über deine Schwester und diese dritte Person anders umzugehen?«

T: »Ich könnte meine Schwester fragen, was sie da macht. Und vor allem die dritte Person zur Rede stellen.«

I: »Könnte das auch eine Anregung für das Wachleben sein?«

T: »Normalerweise nehme ich es stillschweigend hin und rege mich hinterher auf, wenn mir an meinem Schwager etwas mißfällt.«

I: »Das ist wie im Traum, zweimal wundern, dann sauer sein.«

T: »Im Wachleben könnte ich das nicht so lösen wie im Traum. Ich möchte die Art meines Schwagers gelassener nehmen.«

I: »Gibt dir der Traum einen Anstoß?«

T: »Das Gefühl im Traum ist so ähnlich, wenn ich am Wochenende von Zuhause wegfahre. Allerdings stellt der Traum alles überspitzt dar, so negativ ist es nicht, auch mein Verhältnis zu meiner Schwester und meinem Schwager ist insgesamt positiv. Das Nicht-Mitbekommen, was zu Hause läuft, ist Teil des ganz normalen Ablöseprozesses, trotzdem fühle ich mich zu Hause komisch, auch weil meine Schwester, die in der Nähe meiner Eltern wohnt, einen engeren Kontakt hat. Auch wegen ihres Kindes, das meiner Mutter sehr gefällt.«

I: »Was war das Wichtigste aus dem Gespräch über den Traum?«

T: »Diese dritte Person, nicht wissen, was da vor sich geht. Auf meine Schwester kann ich mich verlasssen. Bei ihrem Mann, weiß ich nicht so recht, woran ich bin.«

Der Auszug aus der Traumarbeit macht deutlich, daß die Träumerin über zwei Hauptthemen einen Bezug zu ihrem momentanen Wachleben herstellen kann: über das Verhältnis zu ihrer Schwester und ihrem Mann und über das Ablösen vom elterlichen Zuhause. Die Anregung des Interviewers, das Fragen oder Zur-Rede-Stellen als Lösungsansatz in das Wachleben zu übernehmen, wurde von der Träumerin nicht aufgegriffen. Dennoch spiegelte der Traum für sie gut die momentanen Gefühle ihres Wachlebens wider.

Arbeiten mit anderen

- Ist ohne Vorkenntnisse möglich.
- Es geht um die Unterstützung des/der Träumenden bei der Arbeit nach den 6 Schritten.

Grundideen
- Gutes Zuhören ist wichtig.
- Die/der Träumende ist die höchste Autorität.
- Deutungen von außen sind »nur« Vorschläge.
- Akzeptieren von Vorschlägen der/des Träumenden.
- Positive Anregungen geben.

Ablauf (aus der Sicht des Zuhörenden)
- Vertrauensvolle Atmosphäre schaffen.
- Hineinversetzen in den Traum.
- Eigene Ideen erst im zweiten Schritt einbringen.
- Die erzählende Person anregen, selbst zu einem tieferen Verständnis des Traumes zu kommen.

Arbeiten in der Traumgruppe

Der Traumarbeit in der Gruppe ist ein gesondertes Kapitel mit Hinweisen zur Gründung und Durchführung gewidmet. Wenn es Ihnen möglich ist und Sie Interesse daran haben, kann ich Ihnen durchaus empfehlen, eine solche Traumgruppe ins Leben zu rufen. Der Erfahrungsaustausch mit anderen Menschen ist äußerst anregend, und auch die gemeinsame Arbeit in der Gruppe ist um ein Vielfaches leichter als in einem Zweiergespräch, da von mehreren Seiten Anregungen kommen können. Das regelmäßige Treffen (einmal pro Woche bis einmal pro Monat) wirkt sich meist sehr belebend auf das eigene Traumleben aus, zusätzlich wächst die Motivation, selbständig an den eigenen Träumen zu arbeiten.

Wenn man in Gruppen ohne die Leitung einer Psychologin/eines Psychologen Träume erforscht, ist es noch wichtiger als im Zweiergespräch, gewisse Regeln zu beachten – nicht weil es prinzipiell schwieriger ist, sondern weil die wenigsten Menschen gewohnt sind, in einer gleichberechtigten Gruppe ohne Leitungsposition zu arbeiten. Diese Gruppenregeln gehen auf Ruth Cohen zurück und werden recht anschaulich in dem Buch »Anleitung zum sozialen Lernen« von Schwäbisch und Siems (s. Literatur, Seite 147) dargestellt. Sie hat diese Prinzipien innerhalb ihres Konzeptes der themenzentrierten Interaktion entwickelt. Diese Ideen eignen sich auch gut für Traumgruppen.

Nach den allgemeinen Regeln folgt eine praktische Stütze für die erste Gruppensitzung und für folgende Gruppenabende mit Traumarbeit. Den Abschluß bildet ein Beispiel.

Sei dein eigener Chairman

Dieses wichtige Prinzip besagt, daß ich die Person bin, die bestimmt, was ich sage, mache oder nicht sage bzw. nicht mache. Dabei geht es darum, auf eigene Bedürfnisse zu achten und nicht ein vermeintliches Gruppeninteresse höher zu bewerten und sich dadurch stark zurückzunehmen. Das Ausdrücken von eigenen Bedürfnissen ist, vielleicht etwas paradox, ein Prozeß, der das Gruppengefühl fördert.

Konsens-Entscheidung

Es gibt nur Entscheidungen, mit denen alle einverstanden sind. Das mag zunächst unmöglich klingen und einer Arbeitsatmosphäre in einer Gruppe widersprechen. Der andere Fall wäre jedoch, daß die Mehrheit oder einzelne Personen (z.B. Leiter/Leiterin) Dinge vorgeben, die dann von der Gruppe gemacht werden. Das kann zu Unmut, Widerstand, Abschalten oder Ausklinken einzelner Gruppenmitglieder führen. Die vertrauensvolle Atmosphäre, die für die Traumarbeit so wesentlich ist, würde sehr abgeschwächt. Wenn die Gruppe freiwillig und in ihrer Freizeit zusammenkommt, ist es für den Fortbestand wichtig, daß sich die Mitglieder wohl fühlen. Dazu gehört es, daß jeder/jede am Gruppenprozeß beteiligt ist und das Gefühl hat, gleichberechtigt mitbestimmen zu können.

Es kann sehr gut sein, daß der Weg über Konsens-Entscheidungen länger dauert, vor allem in der Anfangsphase, aber auf Dauer ist es der bessere Weg. In kleineren Gruppen (bis 8 Leute) ist die Umsetzung dieses Ideals recht gut realisierbar, in größeren werden die Schwierigkeiten zunehmen, doch der Weg ist das Ziel.

Störungen haben Vorrang

Da alle Gruppenmitglieder gleichberechtigt sind, kann jeder Störungen anmelden. Störungen sind dann vorhanden, wenn ein Mitglied das subjektive Empfinden hat, nicht mehr dabei zu sein, sich unwohl fühlt oder unzufrieden ist. Falls solche Unstimmigkeiten auftreten, ist es notwendig, die Sache in Angriff zu nehmen. Prinzipiell wird davon ausgegangen, daß diese Störung nicht nur die Einzelperson betrifft, die sie äußert, sondern Ausdruck einer Gruppenkonstellation ist. Deshalb sind alle Mitglieder aufgerufen, zu einer Lösung beizutragen.

Im Falle von Spannungen zwischen Gruppenmitgliedern ist es nicht immer möglich, sie direkt zu lösen, oder es würde zuviel Zeit in Anspruch nehmen. Hier beschränkt man sich auf eine für alle annehmbare Umgangsweise mit diesem Konflikt.

Blitzlicht

Alle Gruppenmitglieder können ein Blitzlicht zu einem bestimmten Sachverhalt anregen. In der Computersprache würde man dazu »Reset« sagen. Wenn die Gruppensituation total festgefahren ist, kann man sie durch das Blitzlicht lösen und einen neuen, fruchtbaren Beginn suchen.

Jeder sagt, ohne auf Äußerungen von anderen zu reagieren, wie es ihm im Moment mit dem Thema und/oder in der Gruppe geht. So wird ein Meinungsbild von allen sichtbar, das die Grundlage für das weitere Vorgehen bildet. Das ist besonders wichtig, wenn sich Diskussionen in der Gruppe entwickeln, die sich auf wenige Mitglieder beschränken.

Feedback für Gruppenmitglieder

Hierbei geht es darum, anderen zu sagen, wie bestimmte Dinge, die sie gesagt haben, auf mich wirken. Im Falle von positiven Äußerungen Sätze wie »Das hat mich gefreut« usw. und im Falle negativer Dinge »Ich bin verletzt«, »Das sehe ich anders«.

Dieses Rückmelden ist wirkungsvoller als der Gegenangriff, z.B. »Du bist aggressiv«, »Du bist vorlaut« etc. Sagt man z.B. einer Person »Du läßt mich nicht zu Wort kommen«, so wird sich diese Person verteidigen und erklären, warum sie so und so gehandelt hat. Das eigene Bedürfnis, nämlich selbst etwas einbringen zu wollen, gerät immer mehr aus dem Blickwinkel. Der Satz »Ich möchte gerne zu Wort kommen« ist für eine konstruktive Auseinandersetzung viel effektiver.

Erste Gruppensitzung (Informationsabend)

Laden Sie dazu alle Personen ein, die für Sie in Frage kommen und die ein gewisses Interesse an Träumen mitbringen. Am ersten Abend empfiehlt es sich, nicht gleich voll in die Traumarbeit einzusteigen, sondern sich zunächst über die Erwartungen an die Gruppe und die Vorstellungen, was in der Gruppe gemacht werden könnte, auszutauschen.

Für die Information, wie die Gruppensitzungen ablaufen sollen, sind die obigen Regeln von Ruth Cohen hilfreich. Sie sind nicht als sture Verhaltensregeln gedacht, die unbedingt eingehalten werden müssen, sondern als Gedächtnisstütze. Das Erlernen der Gruppenarbeit fällt nicht vom Himmel, sondern es bedarf der Erfahrung und des Lernens. Nach weiteren formalen Dingen, wie Termin, Häufigkeit der Gruppensitzung usw., können Sie in die Materie einsteigen.

Sicher ist die Neugier groß, wie und was andere Menschen träumen, ob sie schon Erfahrungen mit Traumarbeit haben, ob es typische Träume gibt usw. In dieser Runde ist soviel Platz, daß jedes Mitglied ausführlich berichten kann. Ob dies strikt nacheinander oder im Wechsel geschieht, spielt dabei keine wesentliche Rolle.

Wenn die Traumerfahrungen erzählt sind, ist eine weitere Runde wichtig, die der Frage nachgeht, wie in der Gruppe an Träumen gearbeitet werden soll. Dabei sollte jeder zu Wort kommen, und die einzelnen Vorstellungen sollten nicht konkurrieren. Jedes Anliegen hat seine eigene Berechtigung. Wenn Personen dabei sind, die wenig Erfahrung im Umgang mit Träumen haben, dann sollte eine Person die Arbeitsweise aus diesem Buch kurz im Überblick darstellen. So kann sich jedes Gruppenmitglied eine Vorstellung davon machen. Je nach Vorwissen kann es auch sein, daß Personen mit anderen Methoden, die sie bereits kennen, an Träumen arbeiten wollen. Im Konsens läßt sich häufig eine Arbeitsgrundlage finden, die für alle akzeptabel ist. Es geht schließlich nicht um ein festes Ziel, das erreicht werden muß, sondern um den Spaß, an Träumen zu arbeiten – sonst hat sich die Gruppe, die sich auf freiwilliger Basis trifft, bald aufgelöst.

Weitere Gruppensitzungen

Eröffnungsrunde

Falls am vorherigen Abend an einem Traum gearbeitet wurde, steht zunächst die Frage an diese Person im Vordergrund, ob es gelang, die Erkenntnisse der Traumarbeit in die Praxis umzusetzen und ob sich dadurch etwas verändert hat. Falls dies nicht der Fall ist, werden aktuelle Träume der letzten Woche erzählt, ohne in Traumarbeit oder Deutungen einzusteigen. Wenn eine Person keinen aktuellen Traum hat, so kann sie auch einen älteren Traum berichten. Der Vergleich der eigenen Traumwelt mit der von anderen Menschen ist immer wieder spannend. Manchmal gerät man mit der Zeit in Konflikt; dann kann man die Vorgabe machen, daß nur ein Traum erzählt wird, der im Moment subjektiv am wichtigsten ist. Bei langen Träumen gilt es dabei, einen vernünftigen Mittelweg zu finden.

Gemeinsame Entscheidung, an welchem Traum gearbeitet wird

Meist ist ein vollständiger Traum für eine Sitzung ausreichend, deshalb ist eine Entscheidung nötig, wenn mehrere Mitglieder einen Traum bearbeiten möchten. Bei dieser Entscheidung sind viele Faktoren zu berücksichtigen. Es gibt Menschen, die sich leicht in Gruppen einbringen, und Menschen, die sich da schwerer tun und etwas gebeten werden wollen. Alle sollten ihre Meinung kundtun, auch wenn sie sich zunächst widersprechen. Bei länger dauernden Traumgruppen bietet sich die Möglichkeit, reihum zu gehen. Bei der momentanen Entscheidung an einem Abend kann man sich von der subjektiven Wirkung des Traumes leiten lassen. Die Erfahrung zeigt immer wieder, daß man auch sehr viel lernen kann, wenn Träume von anderen bearbeitet werden. Innere Vorgänge kommen ins Rollen, selbst wenn man »nur« Zuhörer ist.

Traumarbeit

Die Traumarbeit folgt den 6 Schritten aus dem Kapitel »Selbständiges Arbeiten mit Träumen«. Dabei gibt es zwei Vorgehensweisen: Auf der einen Seite kann eine Person den Hauptpart übernehmen, so daß die erzählende Person ein direktes Gegenüber hat (vor allem bei größeren Gruppen hilfreich), auf der anderen Seite können auch alle gleichberechtigt und je nach Situation mit der Person am Traum arbeiten. Diese zweite Version ist in kleineren Gruppen die beste Vorgehensweise. Bei der Traumarbeit ist es wichtig, die Gruppenregeln im Hinterkopf zu haben, so daß die Atmosphäre vertrauensvoll bleibt. Der Schwerpunkt bleibt beim Traum und der erzählenden Person. Von der Grundidee her wird nicht über den Traum gesprochen, sondern jedes Gruppenmitglied versucht, sich in die Gedankenwelt des Träumenden hineinzuversetzen und ihn mit Fragen aus diesem Blickwinkel anzuregen, sich selbst Gedanken zu machen.

Abschlußrunde

Zunächst ist hier Raum für den Träumenden, das zusammenzufassen, was er aus der Arbeit mit dem Traum lernen konnte. Das rundet die Traumarbeit ab. Eventuell kann er auch schon einige Ideen zum Umsetzen der Erkenntnisse für das alltägliche Leben formulieren.

Im Anschluß daran folgt eine Runde, in der die übrigen Teilnehmer erzählen können, welche Dinge durch den Traum und die Arbeit an diesem Traum bei ihnen berührt wurden. Den Abschluß bildet das Reihumerzählen, wie die einzelnen Gruppenmitglieder den Abend empfunden haben, was schön war, was verbessert werden könnte. So können künftige Gruppenabende schöner und effektiver gestaltet werden.

Beispiel zur Traumarbeit in der Gruppe

Traumbeispiel

Eine ältere Frau erzählt in einem Traumseminar folgenden Traum:
»Ich bin am Meer, es ist gefroren. In der obersten Schicht sind eingefrorene Fische, Butte. Ich rufe meine Familie, sie bringen mir Pickel und Eimer. Ich beginne damit, die Fische aus dem Eis herauszuschlagen, um sie nach Hause in die Tiefkühltruhe zu bringen. Es ist eine schwere Arbeit.«

Zunächst ist sie völlig verwundert über den Traum und kann nichts damit anfangen, sieht keinen Bezug zu ihrer täglichen Realität. Dann kommt die Anregung einer Teilnehmerin, die an das Buch »Der Butt« von Günter Grass gedacht hat. Die Träumerin kennt das Buch sehr gut. Dazu erzählt sie, daß sie zu Hause viele ungelesene Bücher hat, dennoch spricht sie diese Verbindung (Butt – Bücher) nicht an, es wird nichts ausgelöst. Von einer anderen Seite kommt die Frage nach der Familie, die Fragerin wundert sich, daß sie (die ältere Frau) alles allein tun muß. Dieser Gedanke regt bei der Träumerin etwas an. Sie erzählt, daß sie in der Familie in einer ähnlichen Position ist, an ihr bleibt die ganze Arbeit hängen. Ein Aspekt, nämlich den, um Hilfe nachzufragen, wird der Träumerin durch den Traum bewußter. Das gibt einen Anstoß, auch in der Realität das Leben etwas anders zu gestalten.

An diesem Beispiel wird deutlich, daß Ideen aus der Gruppe

zunächst von der Träumerin geprüft werden. Dieser kurze Ansatz einer Traumarbeit enthüllt kein umfassendes Verständnis für den Traum, doch führt er dazu, daß die Träumerin mit dem zunächst völlig unverständlichen Traum etwas anfangen kann und einige Parallelen zu ihrem Wachleben sieht. Wenn man länger an einem Traum arbeitet, könnte man meinen, daß in jedem Traum die ganze Person steckt. Jedes Traumelement berührt einen anderen Kernbereich.

Traumarbeit in der Gruppe

- Gruppenregeln (nach Ruth Cohen)
  - Sei dein eigener Chairman
  - Konsens-Entscheidungen
  - Störungen haben Vorrang
  - Blitzlicht
  - Feedback für Gruppenteilnehmer

- Informationsabend
  - Klären der Erwartungen
  - Austausch von Vorerfahrungen, Erfahrungen mit eigenen Träumen
  - Arbeitsgrundlage schaffen (Wie wird an Träumen gearbeitet?)

- Gruppensitzungen mit Traumarbeit
  - Eröffnungsrunde
  - Gemeinsame Entscheidung, an welchem Traum gearbeitet wird
  - Traumarbeit (nach den 6 Schritten)
  - Abschlußrunde

Alpträume und ähnliche Phänomene

Alpträume können für die betroffene Person und ihr Umfeld eine große Belastung darstellen. Zunächst wird eine genauere Beschreibung gegeben und auf Häufigkeit und mögliche Ursachen aus der Sicht der Forschung eingegangen. Das bietet eine solide Grundlage für die verschiedenen Umgangsweisen mit diesem Phänomen.

Wenn Sie Kinder haben, die unter Alpträumen oder anderen Nachtängsten leiden, so finden Sie im Kapitel »Arbeit mit Kindern«, Seite 101 ff., entsprechende Hinweise.

Beim Aufwachen aus dem Schlaf, das mit großer Angst begleitet ist, unterscheidet man drei Phänomene:

- Pavor nocturnus
- Posttraumatische Wiederholungen
- Alpträume

Die erste Gruppe ist der sogenannte **Pavor nocturnus** (Nachtangst). Dabei handelt es sich um ein Aufschrecken aus dem Tiefschlaf, das eine extreme physiologische Angstreaktion, etwa die Verdopplung des Herzschlags, aufweist und nicht selten von einem Schrei und dem Aufsetzen im Bett begleitet ist. Der Aufgeschreckte hat die Augen weit offen, nimmt jedoch seine Umgebung kaum wahr. Nach dem Wiedereinschlafen fehlt morgens in den meisten Fällen die Erinnerung an den nächtlichen Vorfall. Gedankliche Bilder, falls überhaupt vorhanden, bestehen meist aus einer kurzen Angstszene, z.B.

Bedrohung durch ein Tier, oder einem Satz. Der Pavor nocturnus tritt überwiegend im ersten Drittel der Nacht auf und geht nicht selten mit Schlafwandeln einher, das auch im Tiefschlaf oder normalen Schlaf und nicht im REM-Schlaf (Traum-Schlaf) auftritt. Pavor nocturnus bei Erwachsenen ist sehr selten, häufiger tritt diese Nachtangst bei Kindern im Alter von 3 bis 6 Jahren auf. Die Häufigkeit nimmt mit dem Alter dann stark ab.

Die zweite Gruppe bilden die sogenannten **posttraumatischen Wiederholungen**. Darunter versteht man das Wiedererleben eines schrecklichen Ereignisse, z.B. Kriegsgeschehen, Unfall, schwerer Mißbrauch, in fast unveränderter Form. Solche »Träume« sind nicht an eine spezielles Schlafstadium gebunden und können während der ganzen Nacht vorkommen. Dazu sei noch angemerkt, daß unter Wiederholungsträumen (s. Seite 110) meist ein anderes Phänomen verstanden wird. Das sind angenehme oder unangenehme Träume, die einen sehr ähnlichen Inhalt oder das gleiche Grundthema haben, aber nicht direkt auf ein traumatisches Erlebnis zurückführbar sind, z.B. Verfolgungsträume, Fallträume, Flugträume etc.

Das dritte Phänomen sind dann die eigentlichen **Alpträume**, die im Gegensatz zum Pavor nocturnus im REM-Schlaf und vorwiegend in der zweiten Nachthälfte auftreten. Die Trauminhalte werden fast immer sehr gut und detailliert erinnert. Es gibt nicht wenige Erwachsene, die sich noch recht genau an Alpträume aus ihrer Kindheit erinnern können und nach vielen Jahren genau wissen, wie z.B. die bedrohliche Figur im Traum ausgesehen hat. Der Unterschied zu den »normalen« Träumen besteht darin, daß die Angst im Traum so groß wird, daß sie zum Abbruch und zum Aufwachen führt. Bei Kindern kann es vorkommen, daß die Angst im Traum so intensiv ist, daß sie nach dem Aufwachen noch bestehen bleibt und sich erst legt, wenn z.B. mit den Eltern unter dem Bett nachgeschaut wird, ob sich dort wirklich keine bösen Tiere oder Monster versteckt halten. Das verdeutlicht, wie real die Angst im Alptraum erlebt wird. Trotz dieser Möglichkeit der Fortsetzung der Angst ist die Realitätswahrnehmung im allgemeinen nicht so eingeschränkt wie beim Pavor nocturnus.

Insgesamt treten Alpträume deutlich häufiger auf als der Pavor nocturnus, bei Erwachsenen und bei Kindern, auch wenn hier Kinder viel mehr betroffen sind. Im Nachhinein berichten etwa 60 bis 70 % befragter Personen, daß sie zumindest selten Alpträume in ihrer Kindheit erlebt haben. Längere Phasen mit häufigen Alpträumen (mehrmals pro Woche) kommen bei weniger als 5 % der Kinder vor. Die häufigste Art von Alpträumen sind Verfolgungsträume (50 %). Das sind Träume, in denen ein Tier, ein Monster, ein Mensch (bekannt oder unbekannt), mehrere Menschen oder etwas nicht Sichtbares das Traum-Ich verfolgen. Häufig, aber nicht immer, wird der/die Träumende wach, bevor er/sie vom Verfolgenden erreicht wird. Andere Themen sind Fallträume, Träume vom Tod naher Personen (bei Kindern z.B. Tod der Eltern) und Träume von »ekligen« Tieren (Schlangen, Spinnen etc.)

Während für die meisten Menschen Alpträume eher selten und nur in Phasen auftreten, gibt es einige, die sehr häufig unter Alpträumen leiden. Dabei handelt es sich um nicht wiederkehrende Träume mit sehr lebhaftem Inhalt. Diese Gruppe wurde von einem amerikanischen Traumforscher, Ernest Hartmann, intensiv untersucht. In seinem Buch (s. Seite 145) stellte er fest, daß diese Menschen sogenannte dünne Grenzen aufweisen; umgangssprachlich würde man sagen, daß sie im Gegensatz zum dicken Fell eine dünne Haut haben. Das reicht von ungewöhnlichen Körperempfindungen über dünne Grenzen zu anderen Menschen bis hin zu Einstellungen gegenüber Organisationen, Ländern usw. Auf der einen Seite sind diese dünnen Grenzen nachteilig für die Person, sie ist verletzbar, empfindlich gegenüber Streß; auf der anderen Seite gibt es viele positive Eigenschaften wie Kreativität, Sensibilität, Mitgefühl usw.

Ernest Hartmann faßt dies als Persönlichkeitsdimension auf, an deren extremen Grenzen die Menschen mit häufigen Alpträumen zu finden sind, aber Teile davon sind bei jedem Menschen zu beobachten. Als Therapie schlägt er vor, an dem Dickerwerden der Grenzen zu arbeiten. Das heißt zu lernen, mit Streß umzugehen, sich in Beziehungen abzugrenzen, klare Strukturen zu entwerfen und auch die positiven Seiten wie die Kreativität zu entwickeln und zu nutzen. So werden auch die Alpträume schwächer und leichter als Teil dieser Persönlichkeitseigenschaft (dünne Grenzen) akzeptiert.

Nach dieser Darstellung der drei Gruppen folgen jetzt einige Forschungsergebnisse über die möglichen Ursachen. Insgesamt ist es erstaunlich, wie wenig man weiß, besonders über das gelegentliche Auftreten von Alpträumen oder Pavor nocturnus.

Für posttraumatische Wiederholungen wurden die Ursachen am besten untersucht, da sie häufig Teil eines schwereren Störungsbildes sind, der sogenannten posttraumatischen Belastungsstörung. Weitere Symptome dieses Komplexes sind Depressionen, Ängste, niedriges Selbstwertgefühl, Pessimismus und sogenannte Flashbacks, das sind Wiederholungen der Erlebnisse während des Tages. Die Verursachung stellt natürlich das traumatische Erlebnis dar, doch Untersuchungen vor allem an Männern, die im Vietnam-Krieg waren, machten deutlich, daß nicht alle Soldaten, die extreme Kampf- oder Gewaltszenen miterlebt haben, solche Symptome entwickelten. Besonders anfällig waren sehr junge Männer (17, 18 Jahre), die hautnah miterlebt haben, wie ihre engsten Kameraden getötet wurden. Nicht selten sind Schuldgefühle bei solchen Träumen vorhanden: »Man hätte etwas tun können, um sie zu retten.« Oder die Frage kann einen quälen, warum man selbst überlebt hat und die anderen nicht.

Traumatische Erlebnisse können jedoch auch andere Auswirkungen auf die betroffene Person haben. Besonders aufschlußreich sind hierzu die Arbeiten von Lenore Terr. Die amerikanische Forscherin hat 25 Kinder im Alter von 5 bis 14 Jahren untersucht, die Opfer eines Gewaltverbrechens waren. Ihr Schulbus wurde von drei Männern mit Waffengewalt gekidnappt, und die Kinder wurden über 27 Stunden in einem unterirdischen Lastwagenanhänger festgehalten, bevor sie sich aus eigenen Kräften befreien konnten. Terr stellte fest, daß die Hälfte der Kinder nach dem Trauma unter dem Pavor nocturnus litt; auch die Alpträume, die bei einem Großteil der Kinder auftraten, waren Wiederholungen einzelner Szenen des Kidnappings, z.B. Bedrohung mit der Schußwaffe. Mit der Zeit verschwanden der Pavor nocturnus und die posttraumatischen Wiederholungen, aber bei vielen Kindern waren auch einige Jahre danach noch Alpträume verschiedenen Inhaltes zu finden. Sie waren zwar deutlich seltener als direkt nach dem Trauma, aber in der erlebten Intensität noch genauso stark. Auch bei Kindern, die Naturkatastrophen mit Todesopfern (Blitzschlag, Tornado, Überschwemmung) miterlebt haben oder Opfer von sexuellem Mißbrauch waren, findet man Jahre später noch vermehrt Alpträume.

Da 14 der entführten Kinder aus der Untersuchung von Lenore Terr Träume vom eigenen Tod berichteten, vermutete die Forscherin, daß dieser Trauminhalt für ein Trauma spezifisch ist. Dazu untersuchte sie eine Vergleichsgruppe von 25 »normalen« Kindern und war überrascht, daß 40 Prozent dieser Gruppe ebenfalls ein schweres Trauma erlebt hatten, z.B. plötzlicher Tod des Großvaters, schwerer Autounfall, schweres Erdbeben, sehr schwere Krankheit. 8 von 25 Kindern wiesen auch Träume vom eigenen Tod auf. Diese Forschungsarbeiten zeigen, daß traumatische Erlebnisse, auch wenn sie sehr lange zurückliegen, durchaus Ursache für Alpträume sein können.

Traumata sind jedoch nicht die einzige mögliche Ursache von Pavor nocturnus und Alpträumen. Bei erwachsenen Patienten mit Pavor nocturnus hat man festgestellt, daß diese eine bestimmte Persönlichkeitsstruktur haben. Sie zeigten Hemmungen, Gefühle, vor allem Wutgefühle, auszudrücken. Ob bei Kindern ähnliche Zusammenhänge existieren, ist bis heute nicht erwiesen.

Auch bei den vereinzelt auftretenden Alpträumen vermutet man nicht nur traumatische Erlebnisse als Ursache. Bei Kindern (und Erwachsenen) können Alpträume mit Ängsten vor Entwicklungsaufgaben zusammenhängen, also Ausdruck von inneren Auseinandersetzungen sein. Diese Sichtweise (Deutung auf der Subjektstufe) wird im Kapitel Umgang mit Alpträumen noch einmal aufgegriffen. Bei Kindern sollte man jedoch nicht nur innerpsychische Ursachen vermuten, da Alpträume auch ganz einfach das Widerspiegeln von Wachängsten sein können, z.B. Angst vor Bestrafung, Angst vor Verlust der Eltern, wenn längere Trennungen erlebt wurden, Angst vor der Schule etc.

Nach diesem Überblick folgen in den nächsten Kapiteln praktische Hinweise, wie Sie mit solchen Phänomenen umgehen können.

Pavor nocturnus (Nachtangst)

- Nächtliches Aufschrecken im ersten Nachtdrittel
- Amnesie am Morgen

Posttraumatische Wiederholungen

- Wiedererleben eines schrecklichen Erlebnisses

Alpträume

- Vorwiegend in der zweiten Nachthälfte
- Detaillierte, lebhafte Erinnerung
- Angstträume, die durch Aufwachen beendet werden
- Häufig sind Verfolgungsträume, Fallträume, Träume vom Verlust naher Personen

Ursachen

- Traumatische Erlebnisse
- Unausgedrückte Emotionen (Pavor nocturnus)
- Innere und äußere Ängste (Alpträume)

Umgang mit
Pavor nocturnus

Da man bei Pavor nocturnus keine begleitenden Inhalte wie bei den Alpträumen hat, ist ein direktes In-Beziehung-Setzen mit dem Wachleben nicht möglich. Man ist darauf angewiesen, indirekte Schlüsse zu ziehen. Zunächst folgen jedoch einige Hinweise zum konkreten Umgang mit dem Pavor nocturnus, wenn er nachts auftritt. Die Hinweise sind für den Umgang mit Kindern formuliert, jedoch ebenso für erwachsene Personen anwendbar.

Falls Ihr Kind nachts hochschreckt, eventuell mit einem Schrei, sich aufsetzt und manchmal auch umherläuft, versuchen Sie es durch Worte zu beruhigen. Seien Sie sich dabei bewußt, daß das Kind Sie möglicherweise zunächst nicht als Elternteil erkennt und große Angst hat. So könnte ein Wachschütteln oder ähnliches die Angst eher noch verstärken. Durch die Beruhigung legt sich die Angst, auch die Realitätswahrnehmung kommt zurück, und Sie können das Kind zurück ins Bett bringen, ohne daß es richtig wach geworden ist. In den meisten Fällen weiß es am nächsten Morgen nichts mehr. Falls das Kind nach dem Pavor nocturnus zum Schlafwandeln neigt, sorgen Sie für eine sichere Schlafumgebung. Die sogenannte schlafwandlerische Sicherheit ist nur ein Sprichwort. Wenn das Kind oder die Person z.B. nach draußen gelangt, kann es zu Unfällen und Verletzungen kommen. Die Wahrnehmung ist in diesem Bewußtseinszustand eingeschränkt.

Da sich die betreffende Person häufig nicht an die Nachtangst erinnert, ist die Umgebung durch das Gewecktwerden und die Sorge um die Person stärker in Mitleidenschaft gezogen. So ergibt sich die Frage, was Sie tun können, wenn Sie als Erwachsener oder wenn Ihr Kind unter Nachtangst leidet.

Zunächst ist es immer sinnvoll, Streß soweit wie möglich abzubauen. Die Erfahrungen zeigen, daß die Häufigkeit des Pavor nocturnus unter Belastung stark zunehmen kann. Zum Streßabbau eignen sich Entspannungsverfahren wie autogenes Training. Betrachten Sie auch Ihre Lebenssituation und die Ihres Kindes. Vielleicht gibt es Umstände, die vorteilhaft verändert werden können.

Falls der Pavor nocturnus auf ein Trauma (z.B. eingreifende, medizinische Behandlungen, Unfälle) zurückgeführt werden kann, versuchen Sie das Kind zu ermuntern, über die zusammenhängenden Sorgen und Ängste zu sprechen. Ähnlich wie bei den posttraumatischen Wiederholungen liegt der beste Weg zur Ausheilung darin, dieses Erlebnis bewußt in die Gesamtpersönlichkeit zu integrieren.

Wie im vorherigen Kapitel bereits angedeutet, gibt es bei Erwachsenen einen Zusammenhang zwischen der Hemmung des Gefühlsausdrucks, vor allem von Wutgefühlen, und dem Pavor nocturnus. Hier würde man z.B. durch eine Psychotherapie versuchen, die Ausdrucksfähigkeit und das Umgehen mit Gefühlen zu verbessern, um die Nachtängste zu vermindern. Leider gibt es darüber bei Kindern keine Erfahrungen, doch scheint es auch hier angezeigt, zumindest zu prüfen, ob das bei Ihrem Kind der Fall sein könnte. Vielleicht führt die Veränderung dazu, daß Ihr Kind weniger oft aufwacht.

Wenn trotz dem Umsetzen dieser Hinweise der Pavor nocturnus häufig und über längere Zeit auftritt, sollten Sie unbedingt fachlichen Rat einholen. Achten Sie aber darauf, daß Medikamente nur einen zeitweise helfenden Effekt haben und nicht über längere Zeit eingesetzt werden sollten.

Umgang mit Pavor nocturnus

- Nachts beruhigend zureden, nicht abrupt wecken

- Wieder ins Bett bringen

- Bei eventuellem Schlafwandeln für eine sichere Umgebung sorgen

- Streß abbauen, Entspannungsverfahren einsetzen

- Dabei helfen, Traumata zu verarbeiten

- Ausdruck von Gefühlen (Wut) lernen, ev. durch Psychotherapie

- Professionelle Hilfe suchen (wenn nötig)

Umgang mit posttraumatischen Wiederholungen

Wie die Studien von Lenore Terr (s. Seite 89), aber auch andere Quellen zeigen, ist das Erleben eines Traumas, eines besonders belastenden Erlebnisses, nicht selten. Dabei kann es sich um schwere Unfälle, Krankheit, Verlust naher Verwandter (z.B. Eltern, eigenes Kind, Geschwister), Gewaltverbrechen (Opfer von Entführung, sexuellem Mißbrauch), Naturkatastrophen handeln. Die Träume, die solche Erlebnisse aus der Vergangenheit aufgreifen, zeigen an, daß dieses Erlebnis von der eigenen Psyche verarbeitet wird. Handlungsbedarf besteht vor allem dann, wenn die Intensität und Häufigkeit solcher Träume im Laufe der Zeit nicht abnimmt und der Trauminhalt nahezu unverändert bleibt.

Grundsätzlich geht man davon aus, daß ein Trauma gut verarbeitet wird, wenn es im wachen Zustand unter Mithilfe einer Person, die den Prozeß unterstützt, nochmals in voller Tiefe durchgearbeitet wird. Dabei geht es vor allem um die erlebten Gefühle der Hilflosigkeit und der Schuld und um den Schmerz usw. Allerdings scheint es auch sehr schwere Traumata zu geben, z.B. Gefangenschaft in einem Nazikonzentrationslager, bei denen dieses Durcharbeiten nicht günstig ist, weil die Ereignisse, auch wenn sie »nur« erinnert werden, die Person überwältigen. Hier versucht man andere Wege zu gehen, über Entspannungsverfahren und konkrete Problemlösungen für das momentane Alltagsleben Hilfen anzubieten. Falls Sie selbst unter häufigen nächtlichen Wiederholungen eines Traumas leiden, ist es ratsam, mit professioneller Hilfe den Schritt (Durcharbeiten) in Richtung Gesundung zu wagen.

Jedoch gibt es Fälle, in denen solche Alpträume, die an ein vergangenes, schreckliches Ereignis erinnern, in begrenztem Maße auftreten. So berichtete ein Mann, der als junger Mensch am Krieg teilgenommen hat, über Alpträume, in denen Artilleriefeuer immer näher kommt und er nicht zurückweichen kann, weil hinter ihm ein tiefer Spalt ist. Glücklicherweise nahmen die Träume mit der Zeit (über Jahre) ab, und auch der Inhalt veränderte sich: Der Spalt wurde weniger tief, also die Chance zu entkommen wurde immer besser. Diese Art der Veränderung der Träume kann mittels der Methoden des nächsten Kapitels bewußt in Gang gesetzt werden, was die Abnahme der Alpträume beschleunigt.

Kinder scheinen äußerst selten längere Zeit unter posttraumatischen Wiederholungen zu leiden. Die Alpträume verändern ihr Aussehen auch nach dem Erleben eines Traumas rasch. Das deutet möglicherweise auf eine bessere Verarbeitungsfähigkeit hin. Diese kann durch die Eltern oder auch durch professionelle Helfer noch unterstützt werden, indem das traumatische Erlebnis nicht totgeschwiegen wird. Das Kind sollte die Möglichkeit erhalten, im Spiel oder verbal seine Gefühle und Erlebnisse auszudrücken.

Umgang mit posttraumatischen Wiederholungen

- Heilung durch bewußtes Verarbeiten, z.B. bei Kindern unterstützen und nicht totschweigen

- Bei belastenden, häufigen Wiederholungen des Traumas professionelle Hilfe (Psychotherapeut/in) zu Rate ziehen

- Versuch der Veränderung des Alptrauminhalts (s. Seite 95 ff.)

Umgang mit Alpträumen

In diesem Kapitel geht es um Alpträume mit gut erinnerbarem Inhalt (im Gegensatz zum Pavor nocturnus) und ohne direkten Bezug zu einem traumatischen Erlebnis (im Gegensatz zu den posttraumatischen Wiederholungen), wobei im theoretischen Teil schon deutlich gemacht wurde, daß die Übergänge fließend sind.

Prinzipiell gibt es zwei Herangehensweisen an solche Alpträume. Die eine Möglichkeit ist das Herstellen eines Zusammenhangs zwischen Traum und Wacherleben anhand der 6 Schritte aus dem Kapitel »Selbständiges Arbeiten mit Träumen«, Seite 46 ff. Im folgenden werden Sie einige Hinweise finden, wodurch dies noch einfacher wird. Diese Erkenntnis bietet dann die Möglichkeit, im Wachleben nach Veränderungen zu suchen, um so die Intensität und Häufigkeit der Alpträume zu verringern.

Der zweite Weg führt über die direkte Veränderung der Alpträume. Dieser Ansatz geht davon aus, daß der Kern jedes Alptraums ein Gefühl der Hilflosigkeit ist, eine bestimmte Traumsituation wird nicht bewältigt. Versucht man über seine Vorstellungskraft, den Traumverlauf im Wachbewußtsein zu einem positiven Ende zu verändern, so wird das Wach-Ich und bald auch das Traum-Ich gestärkt. Es kann dann in der Zukunft mit den beängstigenden Situationen besser umgehen.

Diese beiden Ansatzmöglichkeiten schließen sich keineswegs aus, sondern ergänzen sich. Häufig ist es ratsam, mit dem Herstellen von Zusammenhängen beim Wachleben zu beginnen und dann das bewußte Verändern der Alpträume miteinzubeziehen.

Für das Suchen nach Zusammenhängen zwischen Alptraum und Wachleben sind zwei Ideen von Bedeutung, die bereits angeklungen sind. Das ist zunächst die Unterscheidung zwischen Subjekt- und Objektstufe. Auf der Objektstufe gesehen, weist der Traum auf eine Angst oder andere unangenehme Gefühle hin, die im Wachleben aufgetreten sind. Besonders deutlich wird dies bei Personen, die unter einer Phobie, z.B. Spinnenphobie, leiden und nachts Alpträume von ihrem phobischen Objekt, hier der Spinne, haben.

Kennen Sie jedoch keine solchen extremen Angstgefühle im Wachleben, so ist es oft hilfreich, die zweite Idee, die Überspitzung und plastische Darstellung von Gefühlen im Traum, zu berücksichtigen. So kann die Angst vor einer Prüfung oder vor einem Vortrag, die im Wachleben leicht vorhanden ist, im Traum riesengroß erscheinen. Bei dem 4. Schritt der Traumarbeit sucht man also nach ähnlichen, aber schwächeren Gefühlen aus der Wachwelt, die der Art nach mit dem Traumgefühl in Verbindung stehen. Dann kommt im Schritt Umsetzen der Problemlöseansätze das Angehen dieser Ängste und unangenehmen Gefühle im Wachleben dazu. Im obigen extremen Beispiel verschwinden die Alpträume, wenn die Spinnenphobie erfolgreich behandelt wird.

Außer diesem Bezug zum Wachleben besteht die Möglichkeit,

daß Alpträume, auch wenn sie nicht wiederkehrender Art (posttraumatische Wiederholungen) sind, in Verbindung mit Traumata verschiedenster Art stehen. Beispielsweise wirkte sich der Krebstod seines Bruders auf einen Mann so aus, daß er folgende Alpträume hatte.

Traumbeispiele

»Klinikbesuch in der Krebsklinik, wo mein Bruder starb. Ich werde in ein Zimmer geführt, in dem ein Bett steht. Auf dem Bett liegt ein Toter, der mit einem Bettlaken völlig zugedeckt ist. Als ich das Bettlaken ein Stück zurückziehe, sehe ich mich selbst tot auf dem Bett liegen.«
»Ich sah wieder meinen Bruder 14 Tage lang sterben. Ich erlebte wieder Tag für Tag, wie es ihm immer schlechter ging. Jeder neue Tag, der anbrach, zerstörte seinen Körper immer weiter. Als der Tod eintrat, erkannte ich, daß auf dem Klinikbett nicht mein Bruder lag, sondern daß es mein Körper war, auf den ich herabschaute und der immer schneller zerfiel.«

Die beiden Träume zeigen deutlich, wie belastend das Erlebnis für den Mann war. Dazu kam die Angst, ein ähnliches Schicksal zu erleiden. Die Alpträume machen darauf aufmerksam, sich mit der Angst vor dem eigenen Tod auseinanderzusetzen.

Daß auch sehr lang zurückliegende Traumata Ursache für Alpträume sein können, zeigen die Behandlungsverläufe von Frauen, die in ihrer Kindheit Opfer von sexuellem Mißbrauch waren. In der Phase des Aufdeckens tauchen häufig Alpträume mit Gefühlen extremer Hilflosigkeit, Verletzung des Körpers und ähnlichen Inhalten auf, die einerseits sehr belastend und andererseits bei der Integration dieser damals erlebten Gefühle behilflich sind.

Findet man keinen Zusammenhang zwischen Wachgefühlen oder Traumata und dem Alptraum, so empfiehlt es sich, die Sichtweise der Subjektstufe heranzuziehen. Es geht also nicht um die Angst vor etwas, das außerhalb von einem selbst liegt, sondern um die Angst vor eigenen Persönlichkeitsanteilen. Der Traum benutzt die bildhafte Darstellung und die Überspitzung der Gefühle, um dem/der Träumenden besonders deutlich zu machen, worum es geht. So könnte z.B. ein Ärgergefühl gegenüber dem Chef am Tag zu einem Traum von Mord und Totschlag führen, in dem man selbst bedroht wird. Wenn man als Kind immer eingetrichtert bekommen hat, daß wütend sein schlecht und böse ist, dann werden durch am Tage erlebte Wutgefühle tiefliegende Ängste wach, die sich im Traum dann ausdrucksstark zeigen.

Folgendes Traumbeispiel einer Frau mit einer Angstneurose zeigt, wie bedrohlich für sie diese psychische Erkrankung ist, oder in anderen Worten formuliert, wie bedrohlich dieser Persönlichkeitsanteil, der Angst hat, von ihr erlebt wird.

Traumbeispiel

»Ich sah plötzlich lauter wirre schlangenähnliche Gebilde, die um mich herumschlängelten. Sie waren ganz nah an meinem Körper, ich hörte auch verschiedene Laute. Es war entsetzlich. Ich hatte Todesangst und dachte, jetzt ist es aus. Ich schrie ganz laut: ›Mutti, Mutti!‹ Dann wachte ich auf und hatte Herzklopfen und im Ohr ein lautes Geräusch.«

In Richtung Subjektstufe suchen heißt, daß man sich im 4. Schritt der Traumarbeit folgende Fragen stellt. Gibt es Situationen, die Gefühle in mir wachgerufen haben, die mir Angst machen? Wenn Sie auf diese Weise fündig werden, führt das Umsetzen der Traumarbeit dazu, daß man an sich arbeitet, um z.B. ein freieres Erleben von Wut zu erlernen.

Führen diese Wege des Vergleichs mit dem Wachleben auf Objekt- oder Subjektstufe zu keinem greifbaren Ergebnis oder bringt die Erkenntnis dieser Zusammenhänge keine Abnahme der Häufigkeit und Intensität der Alpträume, so empfiehlt es sich, die Alpträume über die Phantasie zu ändern. Wie bereits erwähnt, sollen dabei nicht irgendwelche tieferliegenden Ursachen verneint werden, sondern es geht um die allgemeine Stärkung des Selbstwertgefühls. Der Entschluß, sich mit der Angst gezielt auseinanderzusetzen, ist das wesentliche Wirkmoment dabei.

Ganz ähnlich setzt die Verhaltenstherapie beim Umgang mit Ängsten verschiedenster Art an. Durch die Auseinandersetzung mit der Angst, z.B. vor Schlangen, Spinnen, Höhen, in der Phantasie, im entspannten Zustand und unter Mithilfe eines Therapeuten/einer Therapeutin gelingt es, die Angst zu bewältigen. Im Falle der Traumarbeit sind Verfolgungsträume ein gutes Beispiel. Einige Erfahrungsberichte zeigen, daß der schwarze, unbekannte Verfolger, der in so und so vielen Träumen große Angst hervorgerufen hat, ganz harmlos wird, wenn man sich im Traum umdreht und der Gefahr ins Auge blickt.

Die praktischen Schritte, um Träume zu verändern, sind denkbar einfach. Sie versuchen, sich noch einmal in Ihren Traum hineinzuversetzen und ihn über das Ende hinaus weiterzuträumen (im Wachzustand) – und zwar so, daß ein für Sie angenehmes Ende entsteht. Diesem Fortsetzen des Traumes liegt auch die Idee zugrunde, daß der Alptraum ein unvollendeter Traum ist. Er hat kein natürliches Ende, sondern auf dem Höhepunkt beendet das Aufwachen den Traum. Wenn es schwierig ist, sich allein dem unangenehmen Traum auszusetzen, ziehen Sie eine Person Ihres Vertrauens hinzu, die einfach nur da ist und einen beruhigenden Einfluß auf Sie hat. Auch eine Vorbereitung mit Hilfe entspannender Tätigkeiten oder Entspannungstechniken ist je nach Gegebenheit hilfreich.

Beim Umgestalten von Alpträumen ist die Sichtweise der Subjektstufe sehr gewinnbringend. Geht man davon aus, daß die Kraft im Traum, die ja immens ist und Sie ganz locker in Angst und Schrecken versetzt, nicht eine böse externe Macht, sondern eine innere Kraft ist, so geht es bei der Auseinandersetzung mit dieser Kraft nicht darum, sie auszumerzen oder abzuspalten, sondern sie näher kennenzulernen und sie zu »zähmen«. Auf diese Weise wird sie für die eigene Entwicklung nutzbar. Das heißt, daß Alpträume ein großes Potential zur inneren Weiterentwicklung bieten. Für die konkrete Veränderung Ihres Traumes können Sie überlegen, wie es gelingt, sich der Gefahr zu stellen, z.B. stehenbleiben und umdrehen, fragen der Gegenseite, warum sie so angriffslustig ist usw. Weitere Anregungen zum Umgestalten von Alpträumen finden Sie im Kapitel »Arbeiten mit Kindern« (s. Seite 101 ff.).

Die Erfolge mit dieser Methode des Veränderns können verblüffend sein, jahrelang bestehende Alpträume können von heute auf morgen verschwinden.

Vielleicht gelingt es Ihnen, Ihre eigenen Kräfte so zu stärken, daß aus einem Verfolgungstraum der folgende Traum entsteht.

Traumbeispiel

»Das ganze Szenarium spielte sich im Mittelalter irgendwo in einer grünen Landschaft mit Bergen, Hügeln, Gräben, einem großen Fluß mit einer Insel darin ab. Ich wurde von irgendwelchen Rittern oder Soldaten verfolgt. Auf der Flucht – ich rannte durch die Landschaft – bemerkte ich, daß ich, wenn ich absprang, ein Stück weit schweben konnte. Ich schaffte es so, meine Verfolger immer weiter hinter mir zu lassen. Je heftiger ich absprang, desto länger konnte ich schweben. Schließlich gelang es mir, richtig zu fliegen. Ich flog über den Fluß, überquerte die Insel, zog Kreise und sah meine Verfolger weit unter mir. Es war ein überwältigendes Gefühl, so leicht und sicher und unerreichbar.«

Umgang mit Alpträumen

Zusammenhang zum Wachleben
(unter Berücksichtigung, daß der Traum Gefühle überspitzt darstellt)
1. Schritt: Suchen auf der Objektstufe
   - Wachängste oder Gefühle im Zusammenhang mit den Traumgefühlen, auch wenn sie nicht so stark ausgeprägt sind
   - Traumata
   - Veränderung dieser Wacheigenschaften, Abnahme der Alpträume zeigt, daß man auf der richtigen Spur ist
2. Schritt: Suchen auf der Subjektstufe
   - Wurden durch Ereignisse Persönlichkeitsanteile, die Angst machen, angesprochen, z.B. Wut
   - Auseinandersetzen mit diesen Anteilen und Umgang damit lernen

Verändern von Alpträumen in der Phantasie
- Sich nochmals hineinversetzen und der Angst stellen (ev. geeignete Person als Unterstützung)
- Sich positives Ende ausmalen
- Beachtung der Subjektstufe heißt, Gefahr kennenlernen und »zähmen«.

Arbeiten mit Kindern

Praktischer Teil

Die Traumarbeit mit Kindern wird in einem gesonderten Kapitel dargestellt, da es einige Unterschiede zu den Erwachsenen gibt. Merkwürdigerweise sind die Hilfen für den effektiven Umgang mit Alpträumen bei Kindern wenig bekannt.

Obwohl es verstärkt um Alpträume geht, bieten auch positive Träume viele Möglichkeiten, das Kind zu unterstützen, indem sie z.B. sein Vertrauen in die eigene Kreativität stärken. Die Träume der Kinder sind Ausdruck ihres momentanen Gefühlslebens; wenn innerhalb der Familie regelmäßig darüber gesprochen wird, können Träume nützliche Anhaltspunkte für die Eltern geben.

> **Beachten Sie aber:** Wenn Kinder oder Jugendliche von ihren Träumen erzählen, sollten Sie mit Deutungen ganz besonders vorsichtig sein (s. Kapitel »Arbeiten mit Anderen«, Seite 68). Es besteht die Gefahr, durch ein solches Deuten das Kind zu verschrecken und die Erzählfreude zu hemmen. Wie bei der Traumarbeit mit Erwachsenen geht es darum, dem Kind zu helfen, die Bedeutung des Traumes für sich selbst herauszufinden.

Ein weiterer Faktor, der im Umgang mit den Träumen von Kindern eine Rolle spielt, ist der (kognitive) Entwicklungsstand des Kindes.

Das Verständnis, was ein Traum ist, durchläuft mehrere Stadien. Es beginnt zunächst damit, daß das Kind Träume für real hält (bis etwa 4 Jahre). Im Falle eines Alptraumes mit Monstern denkt das Kind, daß die Monster tatsächlich unter dem Bett sitzen. Bei besonders intensiven Träumen kann dieses Übertragen der Angst aus dem Traum allerdings auch bis ins Erwachsenenalter hinein auftreten.

Diese Sichtweise von kleinen Kindern unterstützt auch die Hypothese aus dem Grundlagenkapitel, daß Traumzustand und Wachzustand vergleichbar sind. Bis zum Alter von etwa 9 bis 10 Jahren werden noch zwei Stadien durchlaufen, in denen der Traum als von außen kommend und im Zimmer (5 bis 6 Jahre) und aus dem Kopf, aber vor den Augen (7 bis 8 Jahre) vom Kind wahrgenommen wird. Dann wird der Traum als subjektives Phänomen betrachtet, das im Kopf stattfindet. In dem Zwischenstadium bejahen Kinder die Frage danach, ob eine andere Person den Traum auch sehen könnte. Die Art der Zwischenstufen und die Altersangaben sind je nach Kultur und Zeitepoche verschieden. Zum Beispiel wird in Kulturen, in denen gleichaltrige Kinder zusammen schlafen, das Verständnis, daß der Traum von außen nicht sichtbar ist, früher entwickelt.

Die Altersangaben von Jean Piaget, einem bekannten Entwicklungspsychologen, aus den 20er Jahren fallen bei Untersuchungen in der heutigen Zeit wesentlich niedriger aus, auch wenn eine große Schwankung von Kind zu Kind bestehen bleibt. Diese Ausführungen sollen Sie sensibilisieren, daß Ihr Kind, vor allem wenn es noch recht jung ist, Träume aus einem ganz anderen Blickwinkel wahrnimmt als Sie selbst.

Nach diesen Vorbemerkungen geht es nun um den konkreten Umgang mit Alpträumen bei Kindern. Was können Sie tun, wenn Ihr Kind unter Alpträumen leidet? Durch die Angaben im Kapitel »Alpträume und ähnliche Phänomene«, s. Seite 86, können Sie zunächst prüfen, ob es sich um Pavor nocturnus oder posttraumatische Wiederholungen handelt. Im jeweiligen Kapitel über diese Phänomene finden Sie auch Hinweise für den Umgang damit bei Kindern.

Das **Herangehen an Alpträume** besteht aus zwei Schritten: erstens sollte man das Kind unmittelbar trösten, wenn der Alptraum auftritt, und zweitens sollte man dem Kind langfristig helfen, mit der Angst umzugehen. Der zweite Schritt wird nach den Ausführungen zum nächtlichen Umgang mit Alpträumen umfassend beschrieben, da er für eine Abnahme der Alpträume von großer Bedeutung ist.

Wenn Ihr Kind nachts wegen eines Alptraumes aufwacht und zu Ihnen ans Bett kommt, ist es wichtig, das Kind zu beruhigen. Auf keinen Fall dürfen Sie Ihr Kind mit harten Worten sofort ins Bett zurückschicken. Je nach Alter (s. oben) sollten Sie dem Kind klarmachen, daß es ein Traum war. Allerdings ist mit der häufig gebrauchten Äußerung, daß es »nur ein Traum war«, Vorsicht geboten, da das Kind den Traum aus einem anderen Blickwinkel sieht und die im Traum erlebten Gefühle sehr ernst nimmt und damit ernstgenommen werden will. Wahrscheinlich genügt es, einfach das Wörtchen »nur« wegzulassen.

Wie oben schon angedeutet, kann es vorkommen, daß die Angst aus dem Alptraum bestehen bleibt und sich das Kind z.B. vor Monstern oder wilden Tieren unter dem Bett fürchtet. Nehmen Sie auch hier das Kind ernst und schauen Sie gemeinsam mit dem Kind nach. Das Kind kann wieder ins eigene Bett geschickt werden, wenn sich die Angst weitestgehend gelegt hat. Nur wenn das Kind keine Angst mehr hat, kann es leicht wieder einschlafen und beginnt nicht, das Bett und das Schlafen mit den Ängsten aus den Alpträumen zu verbinden.

Viel diskutiert wird darüber, ob das Kind nach einem Alptraum im Bett der Eltern weiterschlafen darf oder nicht. Hierfür gibt es keine Patentlösung, aber das nächtliche Trösten und Ernstnehmen der Traumgefühle sollte nur der erste Schritt sein, dem Kind zu helfen. Diesem Schritt muß der zweite, effektivere Schritt folgen, das Kind zu unterstützen, mit der Angst umzugehen und sie zu bewältigen. Dabei ist wieder zu beachten, daß es um kindliche Lösungsansätze geht und nicht um Strategien aus der Erwachsenenwelt. Der Satz »Du brauchst keine Angst zu haben« ist oft nicht sehr effektiv, auch wenn das Kind sieht, daß Erwachsene tatsächlich solche Ängste nicht haben.

Um dem Kind beim Umgang mit den Alpträumen zu helfen, gibt es zwei Möglichkeiten (s. auch Seite 95 ff.). Einerseits kann man den Traum mit dem Wachleben in Beziehung setzen und nach Veränderungsmöglichkeiten im Wachen suchen; anderseits kann man den Trauminhalt über die Phantasie direkt verändern.

Betrachtet man den Zusammenhang zwischen Wachleben und Alpträumen, dann fällt auf, daß häufig Fernsehsendungen, Kino oder Märchen Eingang in die Träume finden. So berichteten z.B. ein Schüler und eine Schülerin kurze Zeit, nachdem die Klasse den Film Schindlers Liste (Thema: Judenverfolgungen im Deutschland der NS-Zeit) gesehen hatte, folgende Angstträume.

Traumbeispiel

(Mädchen, 13 Jahre): »Über Judenverbrennungen geträumt. Dabei war ich eine, die verfolgt wird.«

Traumbeispiel

(Junge, 13 Jahre): »Ich bin ein Jude und werde von den Nazis verfolgt. Es war gerade 2. Weltkrieg. Es war sehr schlimm. Ich kann mich daran erinnern, daß ich in ein KZ kam. Kurz bevor ich in die Gaskammer kam, bin ich aufgewacht.«

Bei dieser Übernahme ist jedoch nicht klar, ob der Film Ursache des Alptraums oder nur Auslöser für eine tieferliegende Angst ist und sozusagen die Bilder für diese Angst liefert. Ganz hypothetisch gesehen, könnten die Angstträume über die Judenverfolgung etwas mit dem Gefühl zu tun haben, sich als Außenseiter zu fühlen etc.

In beiden Fällen kann das Sprechen über die Angst und über Bewältigungsmöglichkeiten hilfreich sein. Man kann sich zum Beispiel mit den Jugendlichen intensiver über die NS-Zeit auseinandersetzen und auch erfragen, wie die Sichtweise der Jugendlichen ist.

Auch im folgenden Beispiel wird deutlich, wie das Kind unterstützt werden kann. Ein kleiner Junge, etwa 5 Jahre, hat nach dem Ansehen einer Nachrichtensendung im Fernsehen Alpträume von Feuer. In der Sendung wurde ein brennendes Haus gezeigt. Die Alpträume legten sich, als die Eltern mit dem Jungen den Umgang mit kleinen »Feuern« übten und auch die Feuerwehr besuchten. So hatte der Junge das Gefühl, mit seiner Angst ernstgenommen zu werden, und lernte einen neuen Bezug zum Feuer.

Insgesamt zeigen solche Träume, wie stark Kinder von Fernsehen oder anderen Medien beeinflußt werden. Untersuchungen bestätigen, daß Kinder, die viel Gewalt im Fernsehen mitbekommen, auch Träume von Gewalt haben. Wenn solche Faktoren ein Rolle spielen, muß man über die Menge und Art des Fernsehkonsums des Kindes nachdenken, aber auch wie dem Kind geholfen werden kann, mit angstmachenden Inhalten oder Gewalt im Fernsehen umzugehen.

Streß ist ebenfalls ein Faktor, der eine Rolle bei der Entstehung von Alpträumen spielen kann, Streß in der Schule, mit Klassenkameraden, aber auch familiärer Streß (Scheidung, Umzug, Spannungen). Hier bieten die Alpträume der Kinder den Eltern eine gute Möglichkeit, zu sehen, wie bestimmte Lebensumstände auf das Kind wirken. So können z.B. Alpträume von bösen Verfolgern darauf hinweisen, daß das Kind in der Schule von Klassenkameraden gehänselt und geärgert wird, auch wenn es vielleicht nichts darüber erzählt hat. Obwohl Schulstreß (Notendruck, Leistungsanforderungen) heute eine große Rolle spielt, scheint er sich nur selten direkt in den Angstträumen widerzuspiegeln. Falls Ihr Kind jedoch einen solchen Traum berichtet, sollten Sie nach Bewältigungsstrategien für das Kind suchen. Denn der Traum zeigt, wie ernst das Kind die Anforderungen der Schule nimmt.

Ein recht häufiges Thema von Alpträumen ist der Verlust oder mögliche Verlust der Eltern oder anderer nahestehender Personen. Auch in diesem Fall ist es wichtig, mit dem Kind über mögliche Trennungs- und Verlustängste zu sprechen.

Wie bereits im Kapitel über posttraumatische Wiederholungen angesprochen wurde (s. Seite 94), können Traumata zu Alpträumen führen, auch zu solchen, die keinen direkten Bezug zum belastenden Erlebnis aufweisen. Wie vielfältig und häufig solche Traumata sein können, zeigt die Untersuchung von Lenore Terr im Eingangskapitel zu Alpträumen. So kann es sich um den Verlust einer Bezugsperson, einen schweren Unfall, eine schwere Krankheit, Naturkatastrophen, Gewaltverbrechen und ähnliches handeln. Falls Ihr Kind ein solches Trauma erlebt hat, ermutigen Sie es dazu, sich damit auseinanderzusetzen. Es wird wahrscheinlich, ebenso wie Erwachsene, dazu neigen, die Erinnerungen und Gefühle wegzuschieben. Doch der offene Umgang und das Verarbeiten und Integrieren des Erlebnisses sind viel heilsamer, besonders auf längere Sicht gesehen.

Gemeinsam ist allen diesen Ansätzen eines: Es geht darum, das Kind zu unterstützen, besser mit Ängsten, Trauer und anderen Gefühlen umzugehen. Die folgenden Methoden zeigen, wie Sie den Inhalt eines Traumes umgestalten können.

Den meisten Kindern macht es großen Spaß, ihre Träume in der Phantasie zu verändern und sich einen neuen Schluß auszumalen. Sie können das Kind dabei unterstützen, sich wieder in den Traum hineinzuversetzen, und es nach eigenen Ideen suchen lassen. Falls keine Ideen produziert werden, können Sie Anregungen geben: Verwandeln Sie einen Falltraum in einen Flugtraum, lassen Sie das Kind nach Traumhelfern rufen usw.

In manchen Fällen kann es hilfreich sein, das Kind durch Fragen anzuregen, die Angst »realistischer« zu bewältigen. Das gilt besonders für Träume, die auch realistische Bedrohungen beinhalten. Zum Beispiel will das Kind einen Traum von einem Einbrecher dadurch verändern, daß ein außerirdischer Ritter zu Hilfe kommt und ihn zu einer Statue erstarren läßt. Durch die Frage, welche Möglichkeiten noch bestehen, könnten vielleicht auch die Eltern als Helferfiguren in die Phantasie aufgenommen werden. Das Kriterium, ob die Umgestaltung des Alptraumes sinnvoll war, ist natürlich die Abnahme der Häufigkeit und der Intensität der Alpträume. Falls eine Traum-Lösung auf längere Zeit keinen Erfolg bringt, so suchen Sie nach anderen Lösungen.

Der zweite Punkt bezieht sich auf die Deutung des Traumes auf der Subjektstufe. Das heißt, die bedrohliche Traumfigur könnte ein Persönlichkeitsanteil, eine Kraft des Kindes sein. Je realitätsferner die bedrohliche Figur ist, desto wahrscheinlicher ist es unter diesem Aspekt zu sehen. So wird man versuchen, das Kind anzuregen, die Gewalt im Traum nicht eskalieren zu lassen; das Monster sollte also nicht in einem wilden Kampf getötet werden, sondern es ist nach Lösungen zu suchen, wie beide, Traum-Ich und Monster, in Frieden miteinander leben können. Deutlich wird das anhand der beiden Traumbeispiele am Ende des Kapitels. Hier bieten sich viele Möglichkeiten, dem Kind zu vermitteln, daß Konflikte nicht mit Gewalt gelöst werden müssen, sondern daß es andere Ansätze gibt, die im Endeffekt (hier die Integration der Kraft) wirksamer sind.

Unterstützt wird das einmalige Bearbeiten des Traumes dadurch, daß Sie mit dem Kind abends vor dem Schlafengehen noch einmal den Traum mit dem positiven Ende durchgehen. Das Kind wird somit in der eigenen Problemlösefähigkeit bestärkt. In andere Worte gefaßt, heißt das, daß es nicht darum geht, dem Kind die Angst zu nehmen, sondern dem Kind zu helfen, mit der Angst umzugehen.

Ein sehr anschauliches Beispiel stammt von Gerda Cramer (s. Literatur, Seite 143), die ein Naturvolk in Malaysia besucht hat. Von diesem Volk nimmt man an, daß es zumindest in der Zeit vor dem 2. Weltkrieg sehr intensiv mit Träumen gearbeitet hat.

Traumbeispiel

(Junge, 5 J.): »Ich habe geträumt, daß ich am Bach in den Fischfallen nachsehen wollte, ob Fische gefangen sind. Es sind so viele, daß ich einen Korb mitnehmen muß. Auf dem Weg zum Bach kommt plötzlich ein Riesenskorpion auf mich zu. Ich fürchte, daß er mich sticht, und vor Schreck lasse ich den Korb fallen und renne zurück zum Dorf.«

Die Dorfbewohner ermuntern den Jungen, in der Phantasie den Traum umzugestalten. Er lernt, den Skorpion anzuschauen, und holt seinen Bruder zu Hilfe. Beide fangen sie den Skorpion und bringen ihn zum Ältesten, dem Medizinmann, der aus dem Gift eine wertvolle Arznei macht. Dann holen sie gemeinsam die Fische.

Dieses Volk der Senoi ist für viele Träumer/Träumerinnen zu einer Art Utopie geworden, da es sich um ein sehr friedliebendes Volk handelt, das so gut wie keine Gewalttaten kennt. Wenn das regelmäßige Arbeiten an Träumen von Kind an zu einer solchen Gesellschaft führen würde, wäre das natürlich wunderschön.

Außer dem Umgestalten der Träume in der Phantasie ist das Zeichnen von bedrohlichen Traumfiguren ein sehr wirksames Mittel, mit der Angst umzugehen. Das Kind gewinnt dadurch Abstand, die Zeichnung ist bei weitem nicht so bedrohlich wie die Gestalt im Traum. Die Zeichnung bietet allerhand Möglichkeiten, den Umgang mit der Angst zu erlernen. So kann das gezeichnete Tier oder Monster abends in einen Käfig eingesperrt werden, damit es im Traum nicht erscheinen kann. Tagsüber braucht es natürlich Auslauf – wie alle Tiere –, aber da ist es ja auch nicht so gefährlich.

Zeichnen kann auch von Erwachsenen sinnvoll als Hilfsmittel bei Alpträumen eingesetzt werden, wie folgendes Beispiel zeigt. Eine Frau mittleren Alters erzählte, daß sie einige sehr unangenehme Träume von Echsen hatte. Nach einer Woche des inneren Kampfes konnte sie sich überwinden, die Tiere zu zeichnen. Und tatsächlich, ab diesem Zeitpunkt waren die Träume verschwunden.

Insgesamt gesehen ist es erstaunlich, wie einfach und wirksam die Methode der Umgestaltung von Alpträumen sein kann. Das wird in Zukunft dazu führen, daß sie häufiger genutzt wird.

Zum Abschluß des Kapitels folgen noch zwei sehr anschauliche Beispiele zur Traumarbeit mit Kindern aus dem Buch von Ann Wiseman (s. Literatur, Seite 149). Die Lösungen sind unter Mithilfe der Autorin entstanden.

Traumbeispiel

(Junge, 12 Jahre): »Ich träumte, daß ein großer grüner Dinosaurier mich auf dem Heimweg verfolgte. Ich rannte und rannte und konnte gerade noch ins Haus kommen. Ich sagte zu meiner Mutter, daß sie nach-schauen sollte. Sie sagte: 'Das bildest du dir nur ein.' Ich sah aus dem Fenster, und er war weg. Dann fühlte ich mich wie ein Lügner.«

Lösung: Ich schloß meine Augen und ließ die Bilder zu mir sprechen. Um selbst sicher zu sein, sprach ich mit dem Dinosaurier durch das Schlüsselloch. Ich sagte ihm, daß ich nicht verfolgt werden möchte, und fragte ihn, was er in meinem Traum sucht. Er antwortete: »Ich mache dir Angst.« Ich sagte ihm, daß meine Mutter mir nicht glaube, daß er ihrer Ansicht nach nur in meiner Phantasie existiere. Ich sagte ihm, daß niemand außer mir ihn sehen kann, aber für mich sei er real. Er antwortete: »Die Sachen, die du dir vorstellst, machen dir am meisten Angst.« Dann fand ich den Mut, ihm zu sagen, daß er gar nicht so angstmachend sei. Jetzt konnte ich ihn sehen, er war wie ich, wie ein neuer Freund.

Traumbeispiel

(Mädchen, 5 Jahre): »Ich träumte, daß ein großer Traktor mit schweren Reifen nahe vorbeikam und über einen kleinen, jungen Baum rollte.

Lösung: Wenn ich mein Bild von dem kaputten, jungen Baum anschaue, fühle ich mich traurig. Ich frage das Bild, ob es zu mir spricht, und der junge Baum sagte zu dem Traktor: »Was hast du getan? Ich mag dich nicht, weil du mich niedergefahren hast. Ich bin hier gepflanzt worden und kann dir nicht ausweichen.« Dann sagte der Traktor: »Ich bin wichtiger als ein kleiner, junger Baum. Ich habe zu arbeiten, und du bist mir im Weg.« Die einzige Lösung, die ich mir vorstellen konnte, war, ein kleines Haus zu zeichnen, das den Baum schützt, bis er so groß ist, daß er dem Traktor Schatten spenden kann. Dann können sie Freunde werden.

Arbeiten mit Kindern

- Traumverständnis des Kindes beachten

- Positive Träume fördern

- Umgang mit Alpträumen
  1. Schritt: Trösten, Ernstnehmen der Angst
  2. Schritt: Unterstützen des selbständigen Umgangs mit der Angst
     - Bezug zum Wachleben herstellen
       Fernsehen als Auslöser von Ängsten
       Streß (Schule, Scheidung etc.), Traumata
     - Nach Veränderungsmöglichkeiten im Wachleben suchen
     - Aktives Verändern des Traumes in der Phantasie
       Zähmen statt töten
       »Realistische« Lösungen für realistische Alpträume finden
       Abends noch einmal Traum mit positivem Ende durchgehen

Wiederholungsträume

Bei der Frage, was Wiederholungsträume bedeuten können, hilft wieder der einfache Vergleich von Traumgeschehen und Wacherlebniswelt. Wenn Sie im Wachleben eine Situation, z.B. eine Prüfung oder einen Beziehungskonflikt, erleben, die immer nach dem gleichen Muster abläuft, dann würden Sie sich wahrscheinlich sagen, daß irgend etwas stagniert. Sie würden nach neuen Lösungswegen suchen, um den Umgang mit dieser Situation zu verbessern.

Bei wiederkehrenden schlaflosen Nächten vor Prüfungen könnte man ausprobieren, ob das autogene Training als Entspannungsverfahren für die nächste Prüfungsvorbereitung hilfreich ist. Genau das gleiche Prinzip gilt auch für Wiederholungsträume. Irgend etwas in Ihrer persönlichen Entwicklung ist ins Stocken geraten und verlangt nach neuen Wegen. Ein beeindruckendes Beispiel ist die Geschichte einer 55jährigen Frau. Sie berichtet folgenden Wiederholungstraum:

Traumbeispiel

»Ich stehe vor einem riesengroßen See mit dunkelbraunem schlammigem Wasser. Ich gehe in den See zum Baden. Es gibt immer mehr Bewegung und riesengroße Wellen. Ich habe Angst, nicht mehr ans Ufer zu kommen. Ich bekomme keine Luft mehr und glaube zu ertrinken, dann werde ich doch an Land gespült.«

Diesen Traum hat sie während ihrer Ehe des öfteren geträumt. Als ihr Mann durch einen Verkehrsunfall ums Leben kam, hat sie wirklich um ihr psychisches Überleben gekämpft. Seit dem sind diese Träume nicht mehr wiedergekommen. Ihr ist klar geworden, daß dieser Wiederholungstraum mit ihrer Ehe zusammenhängt. Ihr Mann hatte sie an der persönlichen Weiterentwicklung gehindert; das hat sie zwar gespürt, wollte »es aber nicht wahrhaben«.

Wie beim Umgang mit Alpträumen gibt es zwei Wege, die zum Ziel führen. Einerseits können Sie über den Vergleich mit Ihrem momentanen Wachleben herausfinden, welche Eigenschaften sich nicht weiterentwickeln, wo es »hängt«, in welchen Bereichen eine Entwicklung nötig ist. Andererseits können Sie Ihre Phantasie einsetzen, um dem Traum eine entscheidende Wende zu geben. Wieder führt diese Umgestaltung dazu, daß deutlicher wird, was man selbst in dieser Situation gern tun möchte.

Eine spezielle Art von Wiederholungsträumen sind Träume von verstorbenen nahestehenden Personen. Auf der einen Seite zeigen sie je nach Inhalt und Gefühlserlebnissen die Trauer um den Verlust an, aber auch die innere Verbundenheit mit dieser Person. Solche Träume können anzeigen, daß die Trauer um diese Person noch nicht vollständig verarbeitet worden ist, aber auch den Aspekt betonen, daß sie sich über den Tod hinaus verbunden fühlen.

Es gibt natürlich auch angenehme Wiederholungsträume. So berichtet zum Beispiel eine Frau, daß sie sich häufiger vor dem Einschlafen vornimmt, vom Fliegen zu träumen, um sich etwas Gutes zu tun. Es klappt nicht immer, aber recht oft. Zu Flugträumen gibt es nähere Erläuterungen auf Seite 126. Solche positiven Träume machen auch in schlechten Zeiten deutlich, daß Sie angenehme Gefühle erleben und glücklich sein können.

Umgang mit Wiederholungsträumen

- Gibt es in meinem Leben Bereiche, die stagnieren?
- Kann ich den Inhalt des Traumes aktiv umgestalten?
- Wie könnte ein positives Ende des Traumes aussehen?

Vertiefen der Traumarbeit

In diesem Kapitel werden einige Aspekte noch einmal aufgegriffen und vertieft. Dabei handelt es sich um die Unterscheidung von Subjektstufe und Objektstufe, um den Vergleich des Traumes mit einem Drama, um Schlüsselfragen an den Trauminhalt und um einige allgemeine Betrachtungen über den Zusammenhang von Traumerleben und Wachleben, wie Zeitbezug der Traumelemente oder Realitätsbezug der Traumhandlung.

Subjektstufe/Objektstufe

Geht man von dem Material aus, das man in den ersten drei Schritten der Traumarbeit gesammelt hat, und möchte Parallelen zum Wachleben ziehen, ist die Unterscheidung Subjektstufe/Objektstufe manchmal hilfreich.

Die Sichtweise der **Objektstufe** bedeutet, daß Traumpersonen oder Tiere im Traum so wie im Wachleben zu behandeln sind, d.h., es geht um die Beziehungen zu anderen Menschen, Tieren etc. Für die Verbindung zum Wachleben wären das Fragen je nach Trauminhalt in der folgenden Art:

■ Erinnert mich die Auseinandersetzung im Traum an eine Auseinandersetzung mit einer anderen Person?

- Wie reagiere ich auf Personen, die mir feindlich gesonnen sind, und gab es solche Vorfälle in der letzten Zeit?
- Oder im Falle des Traumbeispieles mit dem Titel »Helfen« aus dem 5. Schritt der Traumarbeit (s. Seite 57):
  Gab es Situationen, in denen ich geholfen habe, wo Hilfe notwendig war?

Im Gegensatz dazu führt die **Subjektstufe** in eine andere Richtung. Traumpersonen oder Tiere im Traum werden dann als Teil oder möglicher Teil der eigenen Persönlichkeit gesehen. Dazu ist die Materialsammlung aus dem 2. Schritt hilfreich (s. Seite 50), wenn Sie zu den Personen/Tieren die prägnantesten Eigenschaften gesammelt haben. Mögliche Fragen wären dann:

- Gab es Situationen, in denen ich mich ansatzweise wie diese Traumpersonen verhalten habe?
- Sind mir die Eigenschaften dieser Traumperson/dieses Tieres fremd, oder kommen sie mir ein wenig bekannt vor?
- Kann ich diese Eigenschaften, die im Traum angesprochen wurden, in meinem Wachleben zufriedenstellend realisieren?

Auf den ersten Blick sieht es recht willkürlich aus, welche von diesen beiden Sichtweisen man für den Traum heranzieht oder auf bestimmte Teile des Traumes anwendet. Für die Arbeit am konkreten Traum gibt es jedoch einige Stützen, die einem das ganze Vorgehen doch sehr erleichtern können.

Zunächst einmal ist zu beachten, daß es sich hierbei nicht um Deutungen handelt. Wenn Sie sagen, daß der Löwe im Traum Ihren mutigen Anteil der Persönlichkeit darstellt, sind Sie nicht viel weitergekommen. Vielmehr ist diese Sichtweise, den mutigen Löwen als eigenen Anteil zu sehen, lediglich der Ansatzpunkt, eine Verbindung zum Wachleben herzustellen. Erst wenn Sie Situationen des Wachlebens gefunden haben, in denen Ihr »Löwe« auftritt oder hätte auftreten sollen, sind Sie dem Verständnis des Traumes einen Schritt näher gekommen. Das bedeutet, daß Sie beide Sichtweisen ausprobieren können, und je nachdem, ob sie einen entsprechenden Zusammenhang finden, die eine oder andere Methode auswählen.

Methoden der Traumarbeit

In den meisten Fällen ist es sinnvoll, mit dem Suchen auf der Objektstufe zu beginnen und dann auf die Subjektstufe überzugehen.

Ein weiterer Anhaltspunkt ist der Bekanntheitsgrad der Traumpersonen oder Tiere im Traum. Im 2. Schritt der Traumarbeit haben Sie Material gesammelt, ob Sie die Traumpersonen/Tiere aus dem Wachleben kennen und ob es Übereinstimmungen und Unterschiede im Verhalten/Aussehen dieser Person/dieses Tieres zwischen Traum und Wachleben gibt. Je größer die Übereinstimmung ist, desto wahrscheinlicher ist es, daß die Objektstufe angesprochen wird. Weiterhin ist von Bedeutung, ob die Person in ihrem aktuellen Wachleben (real oder gedanklich) eine wichtige Rolle spielt. Je häufiger der reale Kontakt, desto eher ist wieder die Sichtweise auf der Objektstufe interessant. Das heißt, der Traum spiegelt Ihre Beziehung zu dieser Person wider, zumindest in Teilen, und gibt eventuell Anhaltspunkte, ob eine Veränderung notwendig ist.

Handelt es sich im Traum um unbekannte Personen/Tiere oder um Personen, die Sie schon lange nicht mehr gesehen haben, so kommt eher die Subjektstufe in Betracht. Hier werden dann im Traum innerpsychische Auseinandersetzungen angesprochen. Wenn zum Beispiel eine aggressive Person Ihnen im Traum Angst macht, könnte es vielleicht heißen, daß Sie Angst vor Ihren eigenen Aggressionen haben – falls diese auftreten. Es geht im Traum also nicht nur um die Opferrolle, sondern auch die Täterrolle ist von großer Bedeutung.

Eine weitere Gruppe von Personen, die auf die Subjektstufe schließen lassen, sind Personen, mit denen Sie im Wachleben zwar selten Kontakt haben, die aber recht häufig in Ihren Träumen auftreten. Hier könnten die markantesten Eigenschaften dieser Person für einen Vergleich Traum/Wachleben sehr interessant sein. Sie sollten aber keinesfalls beim Zuordnen von Subjektstufe und Objektstufe stehenbleiben, sondern nach Zusammenhängen zum Wachleben suchen. Wenn Sie keine Situationen kennen, in denen Sie Angst hatten, aggressiv zu werden, dann würden Sie diese Deutung verwerfen.

Trotz dieser Anhaltspunkte kann es auch sein, daß gut bekannte Personen möglicherweise auf der Subjektstufe zu sehen sind oder unbekannte Personen auf der Objektstufe. Doch je tiefer man in die Materie eindringt, desto ähnlicher werden sich Subjekt- und Objektstufe. Seelische Konflikte werden von den Erfahrungen mit anderen Personen in der Außenwelt geprägt. Umgekehrt wird sich ein innerer Konflikt, den man mit sich herumträgt, auch im Verhalten gegenüber anderen Personen widerspiegeln. Im obigen Beispiel mit der Aggression heißt das, wenn ich lerne mit Aggressionen von außen umzugehen, kann ich es auch besser mit meiner eigenen Aggressivität. Es sind also zwei Seiten der gleichen Medaille.

An dem folgenden Traum werden die Aspekte der Subjektstufe und Objektstufe beispielhaft dargestellt.

Traumbeispiel

»Ich unterhalte mich mit einem Mann (1) über einen anderen Mann (2). Mein Gesprächspartner hat eine Musikkneipe, in der der andere Mann aufgetreten ist. Obwohl er ihn als letztes hat spielen lassen, als Topakt, war der andere nicht zufrieden und hat sich irgendwie an dem Mann gerächt.«

Material zum Traum aus Schritt 2: Traumpersonen
- Mann (1): Aussehen: klein, lange Haare, Geheimratsecken, sieht ungewöhnlich aus; Eigenschaften: agil, unterstützend, lebenserfahren, weiß, was Sache ist, macht etwas Besonderes.
- Mann (2): unzufrieden, böse, gemein, hinterhältig, würdigt die Unterstützung nicht, kreativ (Musiker), er macht es (auftreten).

Material zum Traum aus Schritt 3: Traumhandlung
- Die Gesprächsatmosphäre ist sehr angenehm, locker und entspannt. Es ist leicht, über andere zu schimpfen.

Material zum Traum aus Schritt 4: Vergleich
- Für den Träumer kommen beide Sichtweisen in Betracht.

Auf der **Subjektstufe** kennt er den negativen Persönlichkeitsanteil (Mann 2) und den positiven Anteil (Mann 1) aus seinem Wachleben. Mit dem angenehmen Teil ist es leichter, sich auseinanderzusetzen (Gespräch im Traum), während zum anderen Teil kaum direkter Kontakt besteht.

Auf der **Objektstufe** kennt der Träumer es auch, daß er Beziehungen harmonisch und entspannt gestaltet, indem er den negativen Teil des Beziehungspartners ausblendet. Er versucht also, nur die positiven Seiten an anderen wahrzunehmen und sich nicht mit ihren »negativen« Anteilen auseinanderzusetzen.

Die dramatische Struktur

Auf zwei Ebenen läßt sich der Traum mit einem Drama vergleichen, die plastische Darstellungsweise und die formale Struktur. Der Traum eignet sich durch sein bildhaftes Geschehen gut, auch abstrakte oder seelische Inhalte anschaulich und für den Zuschauer packend darzustellen. Nehmen Sie einmal an, Sie wären Filmregisseur/in und sollten darstellen, daß eine Person im Inneren die Angst hat: »Wenn ich neugierig bin, hat das schlimme Folgen.« Könnte Ihr Film, der für Kinder geschrieben werden soll, so aussehen?

Traumbeispiel

(Junge, 12 Jahre): »Es war eine Stadt, die eine riesengroße Mauer von einem Drachen trennte, und ich und ein paar Freunde interessierten uns, wie der Drache aussah; also gruben wir uns unter der Mauer durch. Da war eine Höhle. Wir gingen hinein, aber der Drache roch uns, und wir hörten ein lautes Donnern. Der Drache ging uns nach, auf einmal packte er uns mit seinen Krallen. Wir schrien um Hilfe, und er sperrte uns in einen Käfig; es waren auch schon andere Menschen da.«

Für den Vergleich von Traum und Drama legte C. G. Jung, auf den diese Idee zurückgeht, folgende Struktur zugrunde.

1) Angabe von Ort, Zeit und Personen

   Der Zuschauer erfährt, wo und in welcher Zeit das Stück spielt. Das geschieht durch Requisiten, Kostüme und erste Szenen, die der Einführung der Personen dienen.

2) Aufwerfen des Themas

   Die Handlung läuft an. Nach der Vorstellung der Personen wird deutlich gemacht, um was es sich in dem Stück dreht.

3) Höhepunkt und Umschwung

   Ein gutes Stück sollte einen Spannungsbogen aufweisen, d.h., es strebt einen Höhepunkt an. Der Zuschauer erwartet, daß etwas passiert. Dann kommt es zum Umschwung.

4) Lösung

   Bei Tragödien ist dies meist ein negatives Ende, bei Komödien oder Hollywood-Filmen ein Happy-End.

Ganz ähnliche Strukturen liegen vielen Märchen, Romanen oder Filmen zugrunde. Überträgt man die Idee der plastischen Darstellung und der formalen Struktur auf Träume, so läßt sich das Traumgeschehen aus einem anderen Blickwinkel betrachten. Wenn man den Traum als von einem Autor geschriebenes und von einem Regisseur umgesetztes Theaterstück (Film) auffaßt, kann man sich folgende Fragen stellen:

- Welcher Titel paßt zu diesem Stück/Film (Traum) am besten?
- Gibt es eine Botschaft, die der Autor durch den Inhalt oder der Regisseur durch die Form an den Zuschauer weitergeben will?
- Ist es ein reiner Unterhaltungsfilm, der angenehme Gefühle wecken soll?
- Sollen die Zuschauer angeregt werden, sich über bestimmte Themen Gedanken zu machen?

Der zweite interessante Aspekt ist das Fortsetzen von unvollendeten Träumen, z.B. von Alpträumen, die nicht »natürlich«, sondern durch Aufwachen enden, oder von anderen Träumen, bei denen Sie das Gefühl haben, da müßte es eigentlich noch weitergehen. Auf der einen Seite könnte man sich ausmalen, wie die Lösung verlaufen würde, wenn sich die Handlung logisch anhand des Spannungsbogens fortsetzt. Andererseits ist es möglich, mittels der Phantasie in das Geschehen einzugreifen und ein positives Ende für den

Traum zu finden, wie es im 5. Schritt der Traumarbeit und im Kapitel »Umgang mit Alpträumen« vorgeschlagen wird. Hier erhält das Traumgeschehen und auch das Wachleben neue Impulse, um alte eingefahrene Denk- und Verhaltensmuster zu verändern. Im folgenden Traumbeispiel werden die unterschiedlichen Aspekte noch einmal deutlich.

Traumbeispiel

(Kindheitstraum einer 83jährigen Frau): »Ich stehe an einem großen See oder Meer. Viele Menschen stehen in einer Reihe auf einem langen Steg, der ins Wasser führt. Dann wird der Vorderste aufgerufen. Er muß hinunterspringen. Für die Person ist das der Weltuntergang. Ich bin immer aufgewacht, bevor ich aufgerufen wurde.«

Der Titel ist wahrscheinlich »Weltuntergang« oder so ähnlich. Der Traum trat im Alter von 4 bis 5 Jahren während der Zeit des 1. Weltkrieges auf. Die Aussage, die hier deutlich dargestellt wird, ist die Angst, daß ihre persönliche Welt untergeht, wie die der Menschen vor ihr.

Die »logische« Abfolge wäre, daß die Träumerin ebenfalls aufgerufen wird und von diesem langen Steg runterspringen muß, daß sie den eigenen Weltuntergang erlebt. An diesem Punkt kann die Phantasie einsetzen, und die Träumerin könnte gegen die abstrakte Macht rebellieren, welche die Menschen so stark unter Kontrolle hat.

Schlüsselfragen
zum Trauminhalt

Wie im 3. Schritt der Traumarbeit erwähnt wurde (s. dazu Kapitel »Untersuchen Sie die Handlungen im Traum«, Seite 54), können Schlüsselfragen zum Traumgeschehen deutlicher machen, was der Kern der Handlungen ist. Die Fragen werden anhand des folgenden Traumes dargestellt.

Traumbeispiel

(Frau, mittleren Alters): »*Ich fahre mit dem Fahrrad auf einem schmalen Steg, der teilweise unter Wasser liegt, über das Meer oder einen großen See. Die Beleuchtung ist diffus. Ich bin stur geradeaus gefahren und habe es gerade noch geschafft. Es bleibt jedoch ein ungutes Gefühl.*«

- Welche Gegensätze treten im Traum auf?
  Der Gegensatz von schmalem Steg und dem offenen, weiten, nachgiebigen Wasser und der Widerspruch ungutes Gefühl und Erreichen des Ziels. Weitere mögliche Gegensätze allgemeiner Art in Träumen könnten sein: aktiv-passiv, Nähe-Distanz, Chaos-Ordnung etc.
- Was wiederholt sich im Traum?
  Im Handeln wiederholt sich das sture Geradeausfahren.
- Gibt es im Traum Konflikte?
  Im Traum stehen sich das Vorwärtskommen und die Gefährlichkeit des Steges im Wasser gegenüber.
- Gibt es im Traum Helfer?
  In diesem Traum treten keine helfenden Personen auf. Das wäre etwas für die Veränderung des Trauminhaltes mittels der Vorstellungskraft, z.B. ein Boot mit Freunden.
- Gibt es im Traum ein Ziel?
  Die Träumerin verfolgt ein Ziel, doch warum und welches wird im Traum nicht klar.
- Was kommt im Traum vor/was nicht?
  An keiner Stelle versucht die Träumerin, das Geradeausfahren wegen der Gefährlichkeit in Frage zu stellen; sie sucht nicht nach anderen Lösungen. Im Traum ist sie ganz auf das Erreichen des Zieles ausgerichtet.
- Wird in dem Traum eine Stärke oder eine Schwäche aufgegriffen, die ich von mir aus dem Wachleben kenne?
  Die Stärke tritt auf, ein Ziel beharrlich zu verfolgen, und die Schwäche, sich davon ganz vereinnahmen zu lassen.

Die Antworten zu den Fragen erleichterten der Träumerin den 4. Schritt der Traumarbeit, den Vergleich zwischen Traum und Wachleben. Durch die Präzisierung konnte sie entsprechende Situationen im Wachleben (Ziel verfolgen etc.) einfacher aufspüren.

Wenn Sie selbst an einem konkreten Traum arbeiten, können Sie diese Fragen auch stellen und schriftlich für sich beantworten, um Anhaltspunkte für den 4. Schritt der Traumarbeit zu bekommen.

Zeit- und Realitätsbezug

Wenn Sie Ihre Träume über längere Zeit verfolgen (Traumtagebuch), so werden Sie feststellen, daß der Zeitbezug und/oder der Realitätsbezug der Träume stark schwanken kann. So gibt es ganze Träume oder Traumelemente, die einen starken Bezug zur Vergangenheit haben, z.B. ein Haus, in dem Sie mit den Eltern gewohnt haben, Landschaften, die Sie von früher kennen usw.

Im Kapitel »Träume – Stoff für die Wissenschaft« wurde deutlich gemacht, daß Träume neue Erlebnisse abspeichern und dabei alte Informationen, die einen Bezug zum aktuellen Tagesgeschehen haben, wieder hervorholen, verknüpfen, bearbeiten und ins Langzeitgedächtnis zurückschreiben. Für die Traumarbeit heißt das, daß Traumelemente aus der Vergangenheit auf Themen, Konflikte oder Gefühle hinweisen können, die zu dieser Zeit aktuell waren, z.B. Außenseiterrolle in der Schulzeit, Ängste aus der Kindheit etc. Bei dem Vergleich zum Wachleben können Sie dann nach ähnlichen Situationen aus der jüngsten Zeit suchen.

Wenn man mit der Traumarbeit beginnt, sind Träume mit einem direkten Bezug zum Wachleben einfacher zu verstehen als Träume, die ganz bizarr sind. Bei diesen Träumen ist das Abstrahieren aus Schritt 3 ganz besonders wichtig. Dabei lösen Sie sich von den konkreten Bildern und betrachten die Handlungen und die eigenen Gefühle, die im Traum vorkommen. Auf dieser vereinfachten Basis vergleichen Sie dann den Traum mit dem Wachdasein.

Falls Sie zu Beginn Ihrer Arbeit mit Träumen nicht mit solchen Träumen weiterkommen sollten, wählen Sie Träume aus, die einen konkreteren Bezug zum Wachleben haben. Mit wachsender Übung werden Sie auch die »schwierigeren« Träume verstehen können.

Vertiefung der Traumarbeit

Subjektstufe/Objektstufe
- Objektstufe: Es geht um die Beziehung zu Menschen, die Auseinandersetzung mit der Umwelt.

- Subjektstufe: Es geht um innere Konflikte.

- Anhaltspunkte: Bekannte Personen aus dem aktuellen Wachleben eher auf Objektstufe sehen, unbekannte Personen oder Personen von früher eher auf der Subjektstufe.

- Beginnen Sie auf der Objektstufe und gehen Sie dann auf die Subjektstufe.

- Diese Methode ist keine Deutung, sondern ermöglicht einen besseren Vergleich zwischen Traum und Wachleben.

Traum als Drama
- Die plastische Darstellung und Überspitzung von Gefühlen machen abstrakte oder seelische Inhalte deutlich.

- Dramatische Struktur
  - Angabe von Ort, Zeit und Personen
  - Aufwerfen des Themas
  - Höhepunkt und Umschwung
  - Lösung

Für die praktische Traumarbeit
- Wie lautet der Titel des Stückes?

- Was ist die Botschaft des Autors/des Regisseurs?

- Wie könnte ein unvollendeter Traum zu einem positiven Ende fortgesetzt werden?

Typische Träume

In diesem Kapitel erfahren Sie, wie man an bestimmte Traumarten oder Traumthemen herangeht. Das dient auch zur Vertiefung der allgemeinen Arbeit an Träumen, denn die Beispiele verdeutlichen sehr schön, auf welche Weise Bedeutungsvorschläge erarbeitet werden. Jedoch muß man hier Vorsicht walten lassen.

Wenn der Vorschlag, welchen Bezug ein Traum eventuell zum Wachleben haben könnte, bei Ihnen etwas in Gang setzt, wenn Sie ins Nachdenken kommen und spüren, daß Ähnlichkeiten bestehen, dann greifen Sie ihn auf. Suchen Sie nach entsprechenden Gefühlen und Situationen im Wachleben. Nur wenn es Ihnen gelingt, einen für Sie stimmigen Zusammenhang zu entdecken, dann war der Vorschlag für Ihren speziellen Traum brauchbar.

Wenn Sie merken, daß der Vorschlag nicht auf Ihren Traum paßt oder nur auf einer abstrakten Ebene eine Deutung darstellt, mit der Sie nichts anfangen können, suchen Sie selbst weiter. Es ist meist gar nicht so schwer, die Methode zu verwenden, um eigene Ideen zum Traumgeschehen zu produzieren.

Die kurzen Beispiele, die nun folgen, bevor einzelne Themen wie Prüfungsträume, Flugträume, luzide Träume, tiefe Träume, Wahrträume und Traumsymbol Auto eingehender behandelt werden, sollen nicht nur als Vorschläge für bestimmte Traumelemente und Traumhandlungen verstanden werden, sondern eben auch deutlich machen, wie man an solche typischen Träume herangeht.

Traumbeispiel

»Ich mußte irgendwohin. Zu einer bestimmten Zeit muß ich am Zug sein. Vorher müssen noch die Koffer gepackt werden. Der Uhrzeiger geht voran, ich bin noch nicht fertig. Ich habe das Gefühl, den Zug nicht zu schaffen. Dann bin ich schweißgebadet aufgewacht.«

Es ist ein Beispiel für das Motiv, zu spät zu kommen, nicht fertig zu werden. Betrachten Sie die Kernhandlung in diesem Traum. Da ist ein Ziel, das erreicht werden muß (nicht erreicht werden will). Es sind Vorbereitungen zu treffen, die zu lange dauern, sie schafft das Ziel nicht, es besteht Zeitdruck, die Zeit geht voran. Auf dieser Ebene können Sie nun versuchen, das Hauptgefühl in abgeschwächter Form (Traum als Überspitzung der Gefühle) in Ihrem Wachleben zu suchen. So könnten Sie sich selbst bei der Erreichung bestimmter Ziele unter Druck setzen. Innere Ruhe finden könnte ein wichtiges Thema für Sie sein, oder auch die Überlegung, ob bestimmte Ziele erreicht werden müssen und was ich eigentlich will etc.

Zu dem Beispiel ist anzumerken, daß die Frau beim Umgestalten des Traumes nicht auf die Idee gekommen ist, andere Personen wie ihren Mann zu bitten, ihr beim Kofferpacken zu helfen.

Häufig sind Träume vom Nacktsein in der Öffentlichkeit.

Traumbeispiel

(Jugendtraum einer 88jährigen Frau): »Ich bin in der Kirche und habe ein kurzes Nachthemd an. Ich versuche es herunterzuziehen, weil ich mich so schäme.«

Der Traum stellt bildlich dar, daß es bestimmte Situationen/Umstände gibt, in denen sich die Träumerin schämt. Von der Handlung her könnte es so gesehen werden, daß etwas Intimes der Öffentlichkeit zeigen oder sich in bestimmten Situationen fehl am Platze (inadäquate Kleidung) fühlen den Kern des Traumes darstellt. Das könnten Anhaltspunkte für den eigenen Vergleich zum Wachleben sein.

Der nächste Traum handelt vom Thema Klo.

Traumbeispiel

(Frau): »Ich gehe zur Toilette. Alles ist durcheinander, bloß keine Möglichkeit, eine Notdurft zu verrichten. Ich war im Freien und lief dorthin, wo ich eine Toilette wußte. Die war nicht mehr da. Ich lief zurück und fand eine.«

Der Traum greift ein dringendes Bedürfnis auf, aber die Umstände (keine Toilette, zu öffentlich, andere könnten zuschauen) lassen es nicht zu, daß dieses Bedürfnis befriedigt wird. Löst man sich von dem Bild des Klos, drückt der Traum vielleicht aus, daß ein anderes Bedürfnis des Wachlebens zu kurz kommt, weil die Möglichkeit nicht da ist (keine Toilette) oder weil die Privatsphäre (zu öffentlich, andere könnten zuschauen) fehlt.

Im eigenen Wachleben würde man schauen, ob es solche unerfüllten Bedürfnisse gibt, und nach Wegen für einen befriedigenden Umgang damit suchen. Wie im Grundlagenkapitel bereits erwähnt wurde, ist es nur selten der Fall, daß solche Kloträume sich auf den inneren Blasendruck beziehen. Sie stellen eher einen bildhaften Ausdruck des inneren, psychischen Geschehens dar.

Die letzte Gruppe von Träumen, die hier kurz angeschnitten werden, sind Träume vom Nicht-Bewegen-Können, Nicht-Schreien-Können oder Sich-wie-durch-Gelee-Bewegen. Häufig ist im Traum eine Bedrohung vorhanden, vor der man weglaufen möchte, oder man möchte um Hilfe rufen. Auch diese Träume haben selten etwas mit dem Schlafzustand, der Muskelblockierung während des REM-Schlafes, zu tun, sondern sind Ausdruck von psychischen Vorgängen.

Wenn Sie hier die Idee des Theaterstückes oder Filmes aufgreifen, was könnte der Traum für eine Aussage haben? Sie wollen etwas tun, sich zur Wehr setzen oder fliehen, aber es geht überhaupt nicht oder mit äußerster Kraftanstrengung nur ganz langsam (Gelee). Das läßt auf Hemmungen, Hindernisse oder ähnliches schließen. Wieder unter dem Gesichtspunkt, daß der Traum Gefühle überdeutlich darstellt, können Sie schauen, ob es in Ihrem Wachleben Situationen gibt, in denen Sie sich gehemmt fühlen, z.B. das zu sagen, was Sie denken, ein Bedürfnis auszudrücken etc.

Diese kurzen Beispiele folgen trotz der unterschiedlichen Inhalte dem gleichen Muster. Nachdem man das Grundgefühl, die Kernthematik herausgearbeitet hat, folgt der Vergleich von Traum und Wachleben unter Berücksichtigung der dramaturgischen Darstellungsweise des Traumes. So können Sie selbst bei Traumthemen, die hier nicht angesprochen wurden, Bezüge herstellen und diese Träume besser verstehen. Einige Anregungen sind auch noch in den nächsten Abschnitten zu finden.

Prüfungsträume

Träume von Prüfungen kommen bei vielen Menschen vor. Meistens ist es nicht so, daß man im Traum geprüft wird, alles weiß und eine gute Note bekommt, sondern ganz im Gegenteil spielen Gefühle der Angst vor Versagen und ähnliches eine große Rolle, wie das folgende Traumbeispiel deutlich macht.

Traumbeispiel

(Mann, Ende 20): »Ich sitze in einer Prüfung und habe einen Bogen mit Prüfungsfragen vor mir. Neben mir und hinter mir sitzen Mitschüler von mir. Alle sind am Schreiben und Rechnen. Ich schaue auf meinen Prüfungsbogen und kann keine der Aufgaben lösen bzw. beantworten. Ich stehe unter Zeitdruck, da mein Klassenlehrer mir zu verstehen gibt, daß die Zeit bald um ist. Ich schaue zu meinen Mitschülern. Diese kommen mit der Prüfung gut zurecht, da alle ihre Aufgaben gelöst haben. Mein Blatt ist immer noch leer. Ich kann das nicht verstehen, gerate in Panik und Angst. Die Zeit bis zur Abgabe des Prüfungsbogens verstreicht unaufhaltsam, und mir fällt einfach nichts ein. Meine Mitschüler grinsen zu mir herüber und geben mir zu verstehen: 'Bist du so dumm, daß du diese leichten Fragen nicht beantworten kannst?' Ich wache auf und fühle mich wie gerädert.«

Der Trauminhalt stellt sehr plastisch dar, um was es geht. Eine Anforderung von außen kann nicht erfüllt werden, man ist dem nicht gewachsen, fühlt sich unvorbereitet, minderwertig gegenüber anderen, als Versager usw.

Betrachtet man das Geschehen abstrahiert von den Bildern der Schulprüfung, so fällt es sicher nicht schwer, Situationen aus dem Wachleben zu finden, in denen Anforderungen (Beruf, Familie, Ausbildung) an Sie gestellt werden.

Die Prüfungsträume weisen darauf hin, daß Sie Angst haben, den Anforderungen nicht gewachsen zu sein. Denn merkwürdigerweise ist es häufig so, daß man negativ von Prüfungen (z.B. Abitur) träumt, die man auf Anhieb geschafft hat. Es sind so gut wie keine Fälle bekannt, in denen Prüfungsträume von Prüfungen handeln, bei denen man tatsächlich durchgefallen ist. Diese Tatsache ist als Anhaltspunkt zu verstehen, daß es um die Angst vor dem Versagen geht und nicht um das tatsächliche Nicht-Können. Für die Methode der Umgestaltung von Träumen bieten Prüfungsträume reichhaltiges Material. Können Sie sich Prüfungen vorstellen, auf die Sie gut vorbereitet sind und deren Anforderungen Sie sich gewachsen fühlen, so daß Sie die nötige Anerkennung für Ihre Leistung bekommen?

Flugträume

Bei Flugträumen wird ganz deutlich, wie groß der Unterschied zwischen Traumerleben und Realität sein kann. Zwar gibt es auch Träume, in denen mit Hubschrauben, Flugzeugen, also realen Hilfsmitteln geflogen wird, doch eine große Anzahl von Menschen ist in ihren Träumen ohne oder mit ganz ungewöhnlichen Hilfsmitteln geflogen. Die Art des Fliegens variiert sehr. Manche schwimmen in der Luft wie im Wasser, manche stehen aufrecht oder liegen waagrecht, ohne sich zu bewegen. Auch die Art des Hilfsmittels, wenn eines im Traum auftaucht, ist variantenreich: auf einer Eisenplatte sitzend, in einem Auto, auf einem Ball, auf einer Matte liegend, sogar mitsamt einem Haus kann im Traum geflogen werden. Der Vielfalt sind keine Grenzen gesetzt. Frägt man sich nach der Bedeutung dieser Träume oder nach dem Zusammenhang zum Wachleben, so ist klar, daß man hier auf direktem Weg nicht zum Ziel kommen kann. Man muß den Inhalt und die Handlung abstrahieren. Welche Hintergründe so ein Flugtraum haben kann, soll an dem folgenden Beispiel verdeutlicht werden. Eine Frau mittleren Alters träumt häufiger vom Fliegen. Einen Ausschnitt davon bietet folgender Traum.

Traumbeispiel

»Stehend hebt sie ab. Sie fliegt auch stehend, ohne Bewegung. Unter sich sieht sie Dörfer, Bauten und Felder. Alles ist recht undeutlich, doch sie fühlt sich sehr glücklich. Dann kommt ein Berg, sie fliegt höher, zu hoch und hat dann Angst, ob sie wieder heil runterkommt.«

Das Glücksgefühl dieser Träume wirkte bei dieser Frau nach und war in schwierigen Zeiten ein angenehmer Gegenpol. In diesem Beispiel stecken beide Seiten des Fliegens, das oft unbeschreibliche Glücksgefühl und die Angst vor dem Absturz. Bei dem Vergleich mit der Realität führt das zu folgenden Fragen:

- Gibt es in meinem Leben Glücksgefühle, auch kleine?
- Wo gibt es eigene Kräfte, die im Wachleben etwas zu kurz kommen und gefördert werden möchten?

Das eigenständige Fliegen kann hierbei als Ausdruck einer eigenständigen Fähigkeit gesehen werden.

Auf der anderen Seite steht die Angst abzustürzen, wenn ich nicht aufpasse, meine Kräfte nachlassen oder ich zu hoch fliege. Gibt es im momentanen Wachleben Situationen, Ängste, die in dieses Muster passen? Wichtig dabei ist, daß die ganze Traumhandlung einbezogen wird. Im obigen Beispiel geht die Handlung vom positiven Fliegen über zur Angst, als die Träumerin wegen eines Berges (von Aufgaben oder Problemen?) höherfliegen muß. Ihr ist nicht klar, ob sie das heil übersteht. Es sieht ganz so aus, als ob der Traum ein Stück Lebensweg verdeutlicht.

Bei Flugträumen, in denen nur die positiven Qualitäten des Fliegens auftreten, ist es nicht nötig, nach Problemen zu suchen. Hier steht das Erleben des positiven Gefühls im Vordergrund, als Motivation, sich im Wachleben neuen Aufgaben zu stellen, oder als Hinweis, daß auch im Moment solche schönen Gefühle vorhanden sind.

Es gibt auch Flugträume, in denen das Element Einsamkeit eine Rolle spielt. Ich bin der einzige, der diese Fähigkeit besitzt, sonst niemand. Das hebt mich von anderen ab, sie bewundern mich vielleicht oder beachten mich zumindest, aber ein gleichwertiger Kontakt kommt nicht zustande. Ich bin etwas Besonderes, anders als die anderen. Es könnte auch sein, daß ich im Traum nicht beachtet werde, obwohl ich die tollsten Flugkünste besitze. Je nach Kontext des Traumes stehen sehr unterschiedliche Sichtweisen zur Verfügung, die es erlauben, nach einem Zusammenhang zum Wachleben zu suchen.

Luzide Träume

Luzide Träume oder auch Klarträume sind Träume, in denen man sich bewußt ist, daß man träumt. Das bringt ungeahnte Möglichkeiten mit sich. Man kann den Handlungsablauf des Traumes, die Bilder und die mitwirkenden Personen selbst bestimmen. Einige Autoren (s. Literatur, Seite 143 und 144) schlagen sehr einfache Methoden vor, die etwas Disziplin und Ausdauer verlangen, um die eigenen Träume zu kontrollieren. Darunter sei besonders der Frankfurter Psychologieprofessor Paul Tholey erwähnt, der selbst ein intensiver Klarträumer ist und seine Methoden zum Erlangen von Klarträumen und die Inhalte von Klarträumen wissenschaftlich untersucht hat.

Von diesen bewußt erlernten Klarträumen unterscheidet man sogenannte spontan luzide Träume. In diesen tritt ohne Training oder gezieltes Vornehmen das Bewußtsein auf, daß man träumt, wie das folgende Traumbeispiel zeigt.

Traumbeispiel

»Ich werde von uniformierten Männern verfolgt. Sie haben ganz altmodische Sachen an. Sie sind ziemlich langsam, und ich hüpfe und laufe ihnen davon. Jetzt steht einer direkt vor mir. Ich erinnere mich, daß ich träume und alles machen kann. Und ehe der Typ vor mir etwas begreift, bin ich über ihn hinweggesprungen und laufe weiter. Ich habe keine Angst, da sie mir nichts tun können, sondern das Bewegen macht mir Spaß.«

In diesem Traum trat das Bewußtsein zu träumen in einer Gefahrensituation auf, die sonst kaum eine andere Wahl läßt. Gerade bei Kindern ist diese letzte Flucht aus Gefahrensituationen durch Fliegen oder bewußtes Aufwachen nicht selten. Es stellt meist die erste Umgangsform mit der Gefahr dar. Es ist zwar kein Herangehen an die Ursache, jedoch wird die Angst wie auch im Traumbeispiel ganz erheblich reduziert – ein erster und wichtiger Schritt zur Lösung. Für die Übertragung in die Realität gilt: das Bewußtwerden der Umstände (»Es ist ein Traum«) hilft, von belastenden Ereignissen Abstand zu gewinnen (»Das ist alles nur ein böser Traum«). Man erhält einen besseren Blick über die momentane Situation und mehr Vertrauen in die eigenen Kräfte und Fähigkeiten. Es sind Dinge möglich, die man zunächst gar nicht vermutet hätte.

Der folgende Traum zeigt deutlich die Konfusion zwischen »realem« Erleben im Traum und dem Bewußtsein, daß es ein Traum ist. Denn in vielen Fällen von spontanen luziden Träumen ist das Bewußtsein, daß man träumt, nicht immer da.

»*Ich bin auf einer Burg in einer kleinen Stadt. Aus Versehen fahre ich mit der Straßenbahn mit. Ich wollte nur jemanden verabschieden. Ich versuche noch, die Tür aufzudrücken, als die Straßenbahn losfährt, doch es ist zu spät. Die nächste Haltestelle überfährt die Straßenbahn, weil keiner aussteigen will. Das ist ärgerlich, weil ich möglichst schnell wieder zurück will. Die nächste Haltestelle liegt draußen auf freiem Feld, ein ganzes Stück vom Ort entfernt. Ich habe das Gefühl, daß ich früher schon einmal hiergewesen bin. Ich steige aus und beginne, loszujoggen. Ich fühle mich total fit, und trotz der Birkenstockschuhe geht es in großen Schritten los. Bald merke ich, daß ich sehr hoch und sehr weit springen kann. Ich überlege auch, daß es Realität ist und kein Traum. Ich versuche hochzuspringen und schaffe sicher zwei Meter oder so. Aber ich bin etwas vorsichtig. Je müder ich werde, desto weniger hoch kann ich springen. Als es gar nicht mehr geht, versuche ich mit den Händen zu fliegen. Ich mache Schwimmbewegungen, spüre die Kraft meiner Hände, die den Luftwiderstand überwinden. Ich bin schon an der Stadtgrenze angelangt. Jetzt fliege ich bäuchlings auf einem Schwimmreifen ganz ohne Bewegung. Zunächst sehe ich nichts, weil ich ja beim Träumen – ich muß ja träumen, weil ich fliegen kann – die Augen geschlossen habe. Ich beschließe im Traum aufzuwachen, um dann mit geöffneten Augen weiterzufliegen. An der Burg angelangt, treffe ich auf ein kleines Mädchen. 'Ich bin ein Geist', rufe ich. Sie ist jedoch gar nicht verwundert, daß ich fliegen kann. Wir spielen ein bißchen fangen. Sie überlegt, wie es am geschicktesten ist, daß wir uns wieder treffen.*«

An diesem Beispiel wird klar, daß ungewöhnliche Handlungen im Traum zum Bewußtsein des Träumens führen können. Doch auch dieses Bewußtsein kann ausgetrickst werden. Es ist möglich, im Traum mit geschlossen Augen zu fliegen, aufzuwachen und mit geöffneten Augen weiterzufliegen.

Andere Träume mit ähnlichen Konfusionen sind solche, in denen man aufwacht – beispielsweise aus einem Angsttraum –, aufsteht und das Licht anmacht. Wenig später stellt man dann fest, daß das ebenfalls im Traum passiert ist und man jetzt erst vollständig erwacht ist.

Ab und zu kommt es vor, daß im Traum über Träume gesprochen oder sogar versucht wird, sie zu deuten. In einem Traum, der in der früheren Schule spielte, stand der Kopierapparat im Zeichensaal. Er regte die Deutung an, er stünde da, um auszudrücken, daß der Träumer als Kind nicht sehr kreativ war. Interessanterweise hat diese Handlung des Deutens auch dazu geführt, daß das Bewußtsein, es sei ein Traum, erwacht ist.

Spontane luzide Träume zeigen, was machbar ist, wenn man die Bewußtheit über den eigenen Zustand erlangt hat. Sie machen deutlich, daß mehr möglich ist, wenn man nicht »drinsteckt«, sondern mit einer gewissen Distanz an das Problem herangeht. Diese Anhaltspunkte können schnell zu Parallelen im Wachleben führen.

Tiefe Träume/ religiöse Träume

Häufig wird von Personen berichtet, daß es Träume gibt, die sie ganz tief berühren. So erzählt eine 64jährige Frau, daß sie etwa einmal im Jahr richtungsweisende Träume hat, z.B. sieht sie eine phantastische Landschaft, das Sternbild »Großer Bär« oder weiße Vögel. Das Wesentliche dieser Träume ist bei ihr das tiefe Gefühl des inneren Friedens.

Eine andere Frau (80 Jahre) berichtet von einem Traum, in dem sie die Mutter Gottes gesehen und sich dabei wunderbar (»wie auf Wolken«) gefühlt hat. Diese Träume bedürfen selten einer Deutung. Das erlebte Gefühl im Traum ist Ansporn und Bestätigung, sich diesen zutiefst menschlichen Qualitäten zu widmen. In einem Kindheitstraum einer jungen Frau kommt das Motiv des religiösen oder spirituellen Weges deutlich zum Ausdruck. Sie gab dem Traum den Titel »Die Macht, die über allem steht«.

Traumbeispiel

»Vor mir ist eine hohe Treppe. Sie ist, so erscheint es mir, unendlich lange. Ich kann das Ende nicht mehr sehen, nur ein helles, grelles, aber zugleich auch warmes Licht. Je höher die Stufen, desto heller das Licht. Auf jedem Treppenabsatz bzw. auf jeder Treppenstufe befindet sich ein Tier, sowohl auf der rechten wie auch auf der linken Seite. Es sind zum Teil große gefährliche Tiere, und sie starren mich alle an. Ich steige Stufe um Stufe die Treppe hoch, magisch angezogen von dem Licht. Es läßt mich nicht mehr los, obwohl auf den Treppen die Tiere sitzen. Ich muß bis ganz nach oben.«

Außer diesen religiösen oder spirituellen Träumen gibt es noch andere Träume (positive und negative), die der/die Träumende nie mehr vergessen wird.

Im Mittelpunkt des Traumes steht häufig ein starkes Gefühl einer Person gegenüber. So träumte eine Frau kurz nach ihrer Heirat von der Mutter ihres Mannes, die vor ihrem Bett stand und sagte: »Sei gut zu meinem Jungen.« Zum Zeitpunkt des Traumes war die Mutter ihres Mannes bereits verstorben. Die Frau wird diesen Traum ihr Leben lang nicht vergessen.

Ein 72jähriger Mann berichtet folgenden Traum, den traurigsten Traum seines Lebens.

Traumbeispiel

»Ich stehe am Bahnhof. Mein Vater verabschiedet sich von mir. Auf dem Bahnsteig warte ich auf die Abfahrt des Zuges. Ich weiß genau, daß ich meinen Vater nie wieder sehen werde.«

Diese Art von Träumen zeigt die tiefe, innere Verbundenheit und die seelische Übereinstimmung mit diesen Personen, die in den Mittelpunkt des Traumgeschehens gerückt sind.

Wahrträume/ telepathische Träume

Unter einem Wahrtraum versteht man einen Traum, in dem man ein Ereignis vorwegträumt. Dabei lassen sich zwei Arten unterscheiden. Zum einen sind das Träume, in denen man ganz konkret sieht, was passieren wird; zum anderen sind das Träume, in denen Vorahnungen oder bestimmte Symbole auftreten, die etwas Schlimmes ankündigen. Zu der zweiten Art von Träumen folgen zwei Beispiele:

Eine ältere Frau erzählt, daß sie in den letzten Jahren fünfmal Träume hatte, in denen sie in Schlamm gerät, z.B. auf einer großen Baumaschine sitzend. Kurze Zeit nach diesen Träumen, zwei bis drei Tage später, ist jemand aus der Verwandtschaft oder im Bekanntenkreis gestorben. Das führte dazu, daß diese Frau Angst vor ihren Träumen bekommen hat, denn sie könnte ja wieder einen solchen schlimmen Traum träumen.

Eine andere Frau berichtet, daß in drei Fällen die Farbe Schwarz in ihren Träumen auf kommende Tode hingewiesen hat, z.B. auf den Tod ihres Vaters.

Das wesentliche Moment dieser Träume ist weniger das Traumgeschehen, sondern das Gefühl der Vorahnung, daß etwas Schlimmes geschehen wird.

Als kritischer Geist muß man natürlich prüfen, ob nicht der Träumerin Informationen vorlagen (z.B. schwere Krankheit der betreffenden Person), die das Auftreten des geahnten Ereignisses sehr wahrscheinlich machten. Auch werden nicht alle »Wahrträume« tatsächlich war.

Ein Mann träumte in seiner Jugendzeit häufiger, daß er im Alter von 50 Jahren sterben wird. Sein Vater starb in diesem Alter. Der jetzt 81jährige Mann war natürlich froh, daß es kein Wahrtraum war. Eine Frau träumte nach dem zweiten Weltkrieg häufiger, daß ihr Mann nicht mehr aus dem Krieg zurückkehrt. Doch Weihnachten 1949 kam er nach Hause. Diese beiden Träume haben auch einen Bezug zur Zukunft, doch sind sie als Ausdruck von Ängsten vor zukünftigen Dingen zu sehen.

Ein weiteres Phänomen in diesem Zusammenhang sind die sogenannten **Déjà-vu-Erlebnisse**. Während man eine Situation erlebt, hat man das Gefühl: »Das habe ich schon mal erlebt oder geträumt.« Man weiß genau, was als nächstes gesagt wird oder wie die Straße um die nächste Ecke aussieht. Bei diesem Phänomen geht man jedoch davon aus, daß es sich häufig um eine Fehlverarbeitung des Gehirns handelt. Informationen, die im Moment über die Sinnesorgane aufgenommen werden, werden zusätzlich wie aus dem Gedächtnis kommend gewertet. So entsteht der Eindruck, daß man das gerade Erlebte schon kennt. Wenn Sie allerdings den Traum vorher aufgeschrieben oder einer anderen Person erzählt haben, ist diese Erklärung der Fehlverarbeitung nicht angebracht.

Trotz dieses Für und Wider zeigen umfangreiche Forschungen zu dem Phänomen Wahrtraum, z.B. von Prof. Hans Bender, daß solche Phänomene existieren können. Um Ihnen den Umgang mit solchen Träumen zu erleichtern, folgen einige Bemerkungen über den Zusammenhang zwischen Traum und vorweggeträumtem Ereignis. Wenn man mit dem Denken der Kausalität herangeht, könnte man verleitet sein, das frühere Ereignis (Traum) als Ursache für das spätere Ereignis anzusehen. Legt man jedoch andere Modelle zugrunde, könnte der Traum nur ein Abbild von dem sein, was früher, heute und in seltenen Fällen in der Zukunft passiert.

Das Traumbewußtsein kann die Zeitachse überblicken.

Das Traumbewußtsein hat sozusagen einen Überblick über die Zeitachse (s. Abbildung), so daß der Traum nicht die Ursache von kommenden Ereignissen ist, sondern ein Abbild. Trotzdem bleibt natürlich die Angst, gerade wenn es um nahestehende Personen geht, mit dem Tod dieser Menschen konfrontiert zu werden. Man könnte auch annehmen, daß der Traum dieses Ereignis, das so passieren wird, nur vorher zugänglich macht. So könnte der Traum der träumenden Person eine Hilfe bieten, sich auf das schmerzliche Geschehen vorzubereiten.

Ein weiteres unerklärliches Phänomen sind die telepathischen Träume. In einer Forschungsgruppe in New York wurden Ende der 60er Jahre viele Versuche in einem Schlaflabor durchgeführt. Der Ablauf war recht einfach. Ein Schläfer wurde mit Geräten überwacht, so daß festgestellt werden konnte, wann er sich im Traumschlaf befindet. Dann wurde einem »Sender« in einiger Entfernung (Kilometerbereich) ein Zeichen gegeben. Dieser öffnete einen Umschlag und versuchte, ein Bild zu senden. Anschließend wurde die schlafende Person geweckt und nach ihrem Traum befragt. Bei einigen sensitiven Personen gelang eine Zuordnung von Traum und Bild besser, als es der Zufall erwarten ließ. Jedoch waren nur in ganz seltenen Fällen direkt Elemente des Bildes im Traum vorhanden, es waren eher indirekte Hinweise wie das gleiche Thema, ähnliche Farben etc. zu finden. In der Praxis treten solche telepathischen Phänomene vorwiegend zwischen Personen mit sehr enger Bindung auf.

So berichtet eine ältere Frau einen Traum, der sie um 5 Uhr morgens aus dem Schlaf geschreckt hat. Sie hatte geträumt, daß ihr Vater gestorben ist. Sie war damals 7 Jahre alt, ihr Vater war im Krieg (1. Weltkrieg). Später erreichte sie und ihre Mutter die Botschaft, daß der Vater um diese Uhrzeit gefallen war. Anzumerken ist, daß die Mutter der Träumerin schon seit vier Wochen vor dem Ereignis an Alpträumen litt.

In einem anderen Fall erzählte eine Frau, wie sie die Situation, in der ihr mitgeteilt wurde, daß ihr Kind durch die Operation nicht gerettet werden konnte, vorher geträumt hatte. Der Traum enthielt Einzelheiten, die sie vorher nicht wissen konnte. Der Frau sind auch die oben erwähnten Déjà-vu-Erlebnisse bekannt, sie kann dies nicht verwechselt haben. Ebenso wie bei den Wahrträumen steht man bei telepathischen Phänomenen vor Rätseln.

Traumsymbol Auto

Anhand des zunächst alltäglich scheinenden Autos im Traum möchte ich aufzeigen, wieviel verschiedene Bedeutungen hinter einem solchen Gegenstand verborgen sein können. Ein Traumlexikon, das zu dem vorkommenden Auto irgendeinen Deutungsvorschlag gibt, könnte dem nie gerecht werden.

Traumbeispiel

(Älterer Mann): »Ich bin mit dem Auto unterwegs und stoße auf eine Baustelle. An der einen Seite ist ein Graben, doch ich bin gut darüber hinweggekommen. Ich will irgendwohin, aber ich weiß nicht genau, wohin. Es wird immer enger. Dann kommt ein Torbogen, durch den ich nicht fahren kann. Ich habe nach einiger Zeit den richtigen Weg gefunden.«

Der Träumer fährt auch im Wachleben gern Auto und empfand den Traum trotz der Hindernisse als angenehm. Es war für ihn eine schöne Reise. Bei diesem Traum liegt es nahe, daß Auto als Symbol für das Fortbewegen auf dem Lebensweg zu sehen. Der Traum insgesamt könnte als Stück des Lebens gesehen werden und zu Fragen führen, wie der momentane Verlauf im Wachleben ist.

Der nächste Traum weist in eine etwas andere Richtung.

Traumbeispiel

»Ich sitze in einem Auto und fahre durch einen Ort. Ich möchte halten, um noch einige andere mitzunehmen. Es geht nicht. Ich glaube, es ist ein VW. Der Handbremshebel löst sich auf. Ich trete mit aller Kraft auf das Bremspedal. Dann steht es für einen Moment, doch kaum lasse ich etwas nach, fährt es weiter, den Hang hinauf und um die nächste Kurve. Ich bremse wieder und versuche, in eine Parklücke zu kommen. Das Ganze ist sehr unangenehm.«

Hier kommt dem Auto auch die Bedeutung des Fortbewegens im Leben zu, jedoch mit dem Hinweis, daß etwas mit dem Bremsen nicht stimmt. Abstrahiert von dem Traumbild heißt das, das Zur-Ruhe-Kommen funktioniert nicht so und verhindert den Kontakt zu anderen Menschen. Die folgende Anmerkung zu diesem Traum macht deutlich, wie stark intensiv erlebte Träume auf das Wachleben wirken können. Das Gefühl, nicht bremsen zu können, war so heftig, daß es für den Träumer in Ansätzen fraglich erschien, ob es beim realen Autofahren nicht auch so sein könnte. Doch bald stellte eine Fahrt in einem Auto den Bezug zur Realität wieder her, reale Autos lassen sich bremsen.

Noch extremer tritt dieses Nicht-Bremsen-Können in Träumen auf, in denen man in einem Fahrzeug sitzt, eine abschüssige Straße hinunterfährt und die Bremsen des Autos, Motorrads etc. aus irgendeinem Grund nicht funktionieren. Hier wird das Motiv des Nicht-Anhalten-Könnens noch deutlicher und reicht bis zur Angst vor Verletzung und Tod. Dabei stellt sich die Frage, ob der Traum Situationen aus dem Wachleben aufgreift, die mit ähnlichen, allerdings schwächeren Gefühlen einhergehen, z.B. mit irgend jemand zusammenstoßen, irgendwo hineingeraten.

Eine ganz andere Bedeutung hat das Auto im folgenden Traum.

Traumbeispiel

»Ich laufe eine Straße hinunter und will die nächste Querstraße, ein befahrene Straße, überqueren. Dort ist ein Zebrastreifen. Ich gehe hinüber, aber bevor ich ganz drüben bin, kommt ein Auto herangebraust. Ich muß zur Seite springen, um nicht überfahren zu werden. Mir passiert jedoch nichts. Im Auto sitzt ein alter Mann mit einer dicken Brille, der stur geradeaus schaut.«

Hier hat das Auto einen bedrohlichen Charakter. Der unbekannte Fahrer und das Nichtkennen eines solchen Vorfalls aus der Realität deuten auf die Subjektstufe hin. Den Blick stur gerade aus, vorwärtskommen, alles andere zählt nicht. Klar, daß eine solche Einstellung für andere Persönlichkeitsanteile (z.B. Entspannen, Genießen, Kreativität etc.) bedrohlich ist.

Wieder in einer anderen Richtung liegen Auto-Träume, wo man nicht selbst am Steuer sitzt, sondern eine andere Person das Auto fährt. Während es beim Auto meist eine konkrete Person (bekannt oder unbekannt) ist, sind es bei Bus, Straßenbahn, Eisenbahn oder Flugzeug eher unbekannte Personen, die in ihrer Eigenschaft als Lokführer, Pilot usw. die Führungsrolle übernehmen.

Ein Traumbeispiel soll diesen Aspekt verdeutlichen.

Traumbeispiel

»*Mein Vater, ein Mädchen und ich fahren Auto. Mein Vater sitzt am Steuer, obwohl es mein Auto ist. Er fährt rasant. Wir fahren übers Land. Es ist eine hügelige Landschaft. Mein Vater fährt Volldampf einen Hang hinunter. Unten macht die Straße einen 90-Grad-Knick. Ich sage ihm, daß er langsam fahren soll, doch er hört nicht auf mich. Er rauscht weiter und drückt erst im letzten Moment auf die Bremse. Ich sitze im Auto hinten und habe mich in der Erwartung, daß wir weiter ins Feld rauschen, hinter den Sitzen versteckt. Unglaublicherweise hat es mein Vater geschafft, das Auto um die Kurve zu bringen. Nun wollen wir spazierengehen. Als wir aussteigen, ist es jedoch sehr neblig.*«

Bei dieser Art von Träumen geht es um das Motiv der Führung. Welche Person (Deutung auf der Objektstufe) hat die Führung in meinem Leben in einem bestimmten Bereich? Ist hier eine Auseinandersetzung mit dieser Person wichtig, da sie nicht auf mich hören will? Oder (auf der Subjektstufe): welcher Persönlichkeitsanteil hat die Führung auf bestimmten Gebieten in meinem momentanen Wachleben?

Um diesen Anteil zu erfassen, ist es hilfreich, sich die steuernde Person umfassend zu beschreiben (Schritt 2 der Traumarbeit). Und zwar einmal, wie sie im Traum wirkt, und zum anderen – bei einer bekannten Person –, wie der Kontakt zu ihr in der Realität ist. Hat man so die zentralen Eigenschaften dieser Person herausgearbeitet, lassen sich diese in Beziehung zum Wachleben setzen.

Das Thema des obigen Beispiels greift ein Traum desselben Träumers etwa 7 Jahre später noch einmal auf.

Traumbeispiel

»Ich sitze auf dem Beifahrersitz neben meinem Vater, der fährt. Es könnte sein, daß meine Geschwister hinten sitzen, das ist aber unklar. Wir sind auf dem Heimweg aus einem Ort in den Bergen. Die Autobahn ist glatt. Mein Vater fährt sehr schnell, was ziemlich gefährlich ist. Einmal rutscht das Auto etwas auf dem Schnee. Ich sage deutlich und bestimmt, daß er langsamer fahren soll. Er scheint es zu machen.«

Der zweite Traum zeigt zwar, daß die Entwicklung nicht abgeschlossen ist, aber es ist ein deutlicher Fortschritt gegenüber dem ersten Traum zu verzeichnen. Im zweiten Traum wird auch klarer, was der erste Traum anregen möchte, die Entwicklung zu einem deutlichen Auftreten und das Ausdrücken der eigenen Wünsche und Bedürfnisse.

Anhand dieser fünf Traumbeispiele wird sehr anschaulich klar, daß ein Symbol wie das Auto immer nur im Kontext des gesamten Traumes, der gesamten Traumhandlung gesehen werden kann. Je nachdem, in welcher Funktion es in Beziehung zu dem Traum-Ich auftritt, ergeben sich sehr unterschiedliche Deutungsansätze und Möglichkeiten zum Vergleich mit dem Wachleben. Und diese sind mit den obigen Beispielen noch lange nicht erschöpft.

Nachwort

Das Ziel dieses Buches ist erreicht, wenn Ihre Neugier auf die eigenen Träume geweckt wurde und wenn Sie Freude daran haben, sich weiterhin mit der Vielfalt an Bildern, Gefühlen und Anregungen auseinanderzusetzen.

Die vorgestellte Arbeitsweise soll Sie auf den Weg bringen, Schritt für Schritt ein tieferes Verständnis Ihrer Träume und letztendlich Ihres Selbst, d.h. Ihrer Persönlichkeit zu erreichen. Wesentlich dabei ist, sich von den konkreten Traumbildern zu lösen, um anhand der Gefühle und Handlungen im Traum einen Bezug zum Wachleben herzustellen; wichtig ist auch die Idee, daß im Traum Gefühle überspitzt dargestellt werden, um dem Träumenden den Kern einer Sache deutlich zu machen.

Das Buch – als Einstieg gedacht – läßt natürlich noch viele Fragen offen. Wer sich mit weiterführenden Büchern zum Thema beschäftigen möchte, findet im Literaturverzeichnis genügend Anregungen.

Wer sich mit seinen Erfahrungen im Umgang mit dem Buch, mit seiner Kritik und mit seinen offenen Fragen zu den angeklungenen Themen oder zu eigenen Träumen an mich wenden möchte, ist dazu herzlich eingeladen.

Meine Anschrift:
Traum-Netzwerk
c/o Michael Schredl
Postfach 510160
68241 Mannheim

Anhang

Weiterführende Literatur

Sachregister

Weiterführende Literatur

Das vorliegende Buch stellt eine mögliche Herangehensweise an Träume dar und soll vor allem neugierig machen, sich mit den eigenen Träumen zu beschäftigen. Wer sein Interesse auf dem ein oder anderen Gebiet vertiefen möchte, findet in der folgenden Literaturauswahl Bücher, die auf die im Buch angeklungenen Punkte näher eingehen und das Verständnis über Träume im allgemeinen und im speziellen erweitern. Die Auswahl ist natürlich nicht vollständig, sondern rein subjektiv.

Praktische Traumarbeit

In diesem Abschnitt sind Bücher aufgeführt, die aus der eigenen Erfahrung heraus sehr gute Möglichkeiten bieten, den Weg dieses Buches weiter zu beschreiten.

Delaney, Gayle: Lebe deine Träume (Living your dreams), 317 S. mvg-Verlag, Berlin 1988

Die Autorin stellt anhand anschaulicher Beispiele eine Interview-Technik vor, die einen Bezug zwischen Traum- und Wacherleben herstellen will. So eignet sich das Buch als Vertiefung sehr gut.

Faraday, Ann: Deine Träume – Schlüssel zur Selbsterkenntnis (The Dream Game), 310 S. Fischer Taschenbuch, Frankfurt 1985.

Dieses umfassende und ebenfalls praktische Buch stellt Methoden der Gestalt-Therapie, des Umgestaltens von Träumen vor und geht auch auf typische Traumarten genauer ein.

Faraday, Ann: Die positive Kraft der Träume (Dream power), 267 S. Knaur Taschenbuch, München 1984

Das Einsteigerwerk zum vorhergenannten Buch. Es enthält einen geschichtlichen Abriß über die Arbeit mit Träumen und gibt praktische Tips zur Traumarbeit.

Vollmar, Klausbernd: Das Arbeitsbuch zur Traumdeutung. Hugendubel, München 1994

Ein praktisches Handbuch mit einer Mischung aus unterschiedlichen Methoden, um an den eigenen Träumen zu arbeiten.

Umgestalten des Traumes, luzides Träumen

Garfield, Patricia: Kreativ träumen (Creative dreaming), 273 S. Knaur Esoterik Taschenbuch, München 1980

Das klassische Buch für Menschen, die lernen möchten, ihre Träume, z.B. Verfolgungsträume oder andere Angstträume, umzugestalten. Dieses Buch enthält auch ein ausführliches Kapitel über die Traumarbeit der Senoi (Volk in Malaysia).

Cramer, Gerda: Traumzeit im Dschungel. Psychologie Heute 9, 1 (1982), Seite 62–69

Der Artikel stellt die Erfahrungen der Autorin dar, die das Volk der Senoi in Malaysia besucht hat.

Tholey, Paul/Utecht, Kaleb: Schöpferisch träumen – Der Klartraum als Lebenshilfe, 255 S. Falken, Niedernhausen 1987

Hier werden effektive Methoden zum Erlernen der luziden Träume vorgestellt. Das Buch basiert auf den Erfahrungen und Forschungen von Paul Tholey, der Professor für Psychologie an der Universität Frankfurt und selbst ein passionierter Klarträumer ist.

LaBerge, Stephen: Hellwach im Traum (Lucid dreaming). Junfermann Verlag, Paderborn 1987

Gackenbach, Jayne/Bosveld, Jane: Herrscher im Reich der Träume (Control your dreams). Aurum, Braunschweig 1991

Die beiden Bücher stammen aus amerikanischen Forscherkreisen und beschreiben, was im luziden Traumzustand alles möglich ist, aber geben auch eine gute Einführung für Anfänger auf diesem Gebiet.

Grundlagen des Schlafes und Traumes

Borbély, Alexander: Das Geheimnis des Schlafs, 238 S. dtv Sachbuch, Stuttgart 1987

Der bekannte Züricher Schlafforscher stellt anschaulich und leicht verständlich die Grundlagen des Schlafes und neuere Forschungen aus den Schlaflabors dar. Einige Punkte sind Schlafphasen, Schlafmittel usw.

Experimentelle Traumforschung

Strauch, Inge/Meier, Barbara: Den Träumen auf der Spur – Ergebnisse der experimentellen Traumforschung, 229 S. Huber, Bern 1992

Das einzige deutschsprachige, sehr gute Buch über empirische Traumforschung. Die Autorinnen stellen ihre über 10 Jahre dauernde Forschungstätigkeit an der Universität Zürich vor. Sie untersuchten Einflußfaktoren auf den Traum, die Verteilung von Traumgefühlen, Handlungen im Traum, die Realitätsnähe, Träume von Kindern und vieles mehr.

Hartmann, Ernest: The nightmare: The psychology and biology of terrifying dreams. Basic Books, New York 1984
Hartmann, Ernest: Boundaries in the mind: A new psychology of personality. Basic Books, New York 1991
  Die beiden Bücher des amerikanischen Professors für Psychiatrie (leider nicht übersetzt) stellen seine interessante Forschung mit Personen dar, die unter häufigen Alpträumen leiden.

Leuschner, Wolfgang/Hau, Stephan: Zum Processing künstlich induzierter Tagesreste: Eine experimentelle Studie zum Pötzl-Phänomen. Schriften aus dem Sigmund-Freud-Institut, Frankfurt 1992
  Die Autoren berichten über ihre interessante Forschung zur Wahrnehmumg sogenannter subliminaler Reize. Sie zeigten den Versuchspersonen ein Dia (1/125 Sekunde lang) und fanden tatsächliche Elemente in Wachphantasien und Träumen.

Dreaming, eine Zeitschrift der Association for the Study of Dreams
  Diese vierteljährlich erscheinende Zeitschrift informiert über den aktuellen Stand der Traumforschung rund um die Welt. Sie ist für »Insider« geeignet. Die Adresse für Interessenten ist:
Association for the Study of Dreams (ASD)
P. O. Box 1600
Vienna, VA 22183, USA

Dream Network Bulletin
  Diese Zeitschrift hat sich zum Ziel gesetzt, die Traumarbeit zu fördern und zu verbreiten. In vier Heften im Jahr werden zu bestimmten Themen über Träume und deren Bedeutung Beiträge von Lesern abgedruckt. Es ist wirklich schade, daß sich dies vorwiegend auf den amerikanischen Raum beschränkt. Wer trotzdem Interesse hat und Englischkenntnisse besitzt:
Dream Network
PO Box 102
Moab, UT 84532, USA.

Traumarbeit in der Gestalt–Therapie

Perls, Frederick S.: Gestalt-Therapie in Aktion (Gestalt therapy Verbatim 1969), 292 S. Ernst Klett Verlag, Stuttgart 1974

Anhand von Gesprächsprotokollen wird deutlich gemacht, wie F. Perls mit Träumen gearbeitet hat. Dieses Buch ist hauptsächlich für Personen empfehlenswert, die speziell an der Gestalt-Therapie interessiert sind.

Traumarbeit nach C. G. Jung

Dieckmann, Hans: Umgang mit Träumen, 177 S. Kreuz-Verlag, Stuttgart 1986

Hark, Helmut: Träume als Ratgeber. Rowohlt, Reinbek 1988

Kaplan-Williams, Strephor: Traum-Arbeit: Der Schlüssel zum Unterbewußten (Dreamworking), 382 S. Goldmann, München 1993

Die Bücher in diesem Abschnitt vertiefen die Herangehensweise an Träume, die auf C. G. Jung basiert. Die Methoden sind einfach anwendbar dargestellt.

Übersichten (Geschichte, verschiedene Schulen)

Scheidt, von Jürgen: Das große Buch der Träume, 318 S. Heyne Taschenbuch, München 1985

Ein Buch, das einen recht vollständigen Überblick über die Geschichte von Träumen und den Weg der Traumarbeit bis heute bietet.

Humanistische Psychologie

Schwäbisch, Lutz/Siems, Martin: Anleitung zum sozialen Lernen für Paare, Gruppen und Erzieher. Rowohlt, Reinbek 1974
    Der Klassiker auf dem Gebiet der selbstgeleiteten Gruppen, jedoch immer wieder aktuell. Er vertieft die Gruppenregeln von Ruth Cohen und das Erlernen des konstruktiven Umgangs in der Gruppe.

Casey, Joan F.: Ich bin viele – Eine ungewöhnliche Heilungsgeschichte. Rowohlt, Reinbek 1992
    Die ansprechende Therapiegeschichte einer Frau mit multipler Persönlichkeitsstörung. Die Störung besteht aus einem unkontrollierbaren Hin- und Herspringen zwischen verschiedenen Persönlichkeiten, die meist nichts voneinander wissen. Das Buch ist hier aufgeführt, weil es deutlich macht, wie wichtig das Akzeptieren der einzelnen Teile ist, um eine Integration zu erreichen.

Gordon, Thomas: Familienkonferenz. Rowohlt, Reinbek 1980
    Ebenfalls ein Klassiker, der recht anschaulich einen konstruktiven Umgang mit Problemen innerhalb der Familie darstellt. Dieses leicht verständliche Prinzip läßt sich auch auf andere Beziehungsmuster übertragen.

Wahrträume/ telepathische Träume

Ryback, David/Sweitzer, Letitia: Wahrträume. Knaur, München 1990
    Das Buch bietet einen Überblick über Arten von Wahrträumen und gibt Hilfen, wie man mit ihnen umgehen kann.

Ullman, Montague/Krippner, Stanley/Vaughan, Alan: Traumtelepathie. Aurum, Freiburg 1977

Das Buch enthält den spannenden Bericht über die New Yorker Forschungsgruppe, die Telepathie und Träume in einem Schlaflabor untersucht hat.

Traumarbeit im Internet

Electric Dreams

Bei dieser »Zeitschrift« handelt es sich um Dateien, die kostenlos per E-Mail verschickt werden. Der Herausgeber informiert in regelmäßigen Abständen über Traumthemen im Netz, leitet Traumarbeitsgruppen etc. E-Mail-Adresse: RC Wilk @ aol.com.

Traumbücher zu speziellen Themen

Nerwak, Maria: Mutter-Tochter-Konflikt: Selbsthilfe durch Träume. Walter, Olten 1990

Anhand einer Traumserie arbeitet eine Mutter die Loslösung von ihrer zweitgeborenen Tochter auf. Dabei wird deutlich, wie stark Träume den aktuellen Stand widerspiegeln; aber auch Anregungen für das weitere Vorgehen sind enthalten.

Garfield, Patricia: Frauen träumen anders. Scherz, Bern 1989

Die bekannte amerikanische Traumbuchautorin stellt typische Traumthemen von Frauen und deren Bedeutung dar.

Traumsymbole (Wasser, Auto, Wüste, Fisch, Baum, Haus u. a.). Walter Verlag, Olten

Die kleinen Büchlein jeweils zu einem der oben genannten Symbole basieren auf der Methode C. G. Jungs. Anhand verschiedener Träume werden die Bedeutungen dieser Symbole aus verschiedenen Richtungen beleuchtet, ganz ähnlich dem Abschnitt Traumsymbol Auto im Kapitel »Typische Träume«.

Traumarbeit
mit Kindern

Garfield, **Patricia:** Your child's dreams. Ballentine, New York 1984

Ein sehr ausführliches und anschauliches Buch über die Traumarbeit mit Kindern. Dem Autor ist leider kein entsprechendes Buch in deutscher Sprache bekannt.

Wiseman, **Ann S.:** Nightmare help: A guide for parents and teachers. Ten Speed Press, Berkeley 1989

Dieses wunderschöne Buch, von dem es leider keine deutsche Übersetzung gibt, stellt anhand vieler Beispiele dar, wie einfach und hilfreich die Methode der aktiven Umgestaltung von Alpträumen bei Kindern ist.

Anhang

Sachregister